企业全面运营

沙盘模拟实战

张宝东 ◎ 主编

ENTERPRISE FULL OPERATION SANDTABLE
SIMULATION COMBAT

企业管理出版社
ENTERPRISE MANAGEMENT PUBLISHING HOUSE

图书在版编目（CIP）数据

企业全面运营沙盘模拟实战 / 张宝东主编． -- 北京：企业管理出版社，2025.3． -- ISBN 978-7-5164-3097-2

Ⅰ．F272.7

中国国家版本馆CIP数据核字第2025DK9316号

书　　名：	企业全面运营沙盘模拟实战
书　　号：	ISBN 978-7-5164-3097-2
作　　者：	张宝东
责任编辑：	张　羿
出版发行：	企业管理出版社
经　　销：	新华书店
地　　址：	北京市海淀区紫竹院南路17号　　邮　　编：100048
网　　址：	http://www.emph.cn　　电子信箱：504881396@qq.com
电　　话：	编辑部（010）68456991　　发行部（010）68417763
印　　刷：	北京厚诚则铭印刷科技有限公司
版　　次：	2025年3月第1版
印　　次：	2025年3月第1次印刷
开　　本：	710mm×1000mm　1/16
印　　张：	15.75
字　　数：	238千字
定　　价：	78.00元

版权所有　翻印必究·印装有误　负责调换

本书编委会

主　　编：张宝东

编委会成员：刘月松　裴章先　张　珂　张景宗　王　冉
　　　　　　许　静　杜雨璠　司瑶瑶　付小桐

前言 Foreword

沙盘模拟实战是一种极具真实演练色彩的体验式高端培训课程，是集角色扮演、情景演练、案例分析、专题研讨、行动学习、理论应用、讲师点评等多种教学方法于一体的优秀教学模式，能够起到升级思维、拓展视野、提高能力、发现人才、缓和矛盾的作用。虽然沙盘模拟实战风靡全球并在2000年前后引入国内，但是目前还没有详细介绍此种培训并将企业管理知识与企业经营实战融为一体的作品，我从事企业经营管理已有20多年，并积累了10多年沙盘模拟实战培训经验，为了方便大家学习并运用沙盘模拟实战演练，专门组织编写了本书。

本书第一章是企业战略管理沙盘模拟实战，战略是企业经营管理中最重要的事项之一，涉及企业发展根本性、方向性的问题，把这部分内容放在第一章就是凸显其重要性。第二章是企业经营管理沙盘模拟实战，企业是一个系统性组织，管理者必须有系统观、整体观、大局观，企业经营的系统性体现在时间和空间两个维度，本章主要就是从这两个维度训练和提升经营管理者的系统意识。第三章到第十二章分别是企业非财务经理的财务管理沙盘模拟实战、企业市场营销与管理沙盘模拟实战、企业高效团队建设与群体决策沙盘模拟实战、思维创新－问题分析与解决之道沙盘模拟实战、高效时间管理沙盘模拟实战、领导力提升沙盘模拟实战、企业成本管理与控制沙盘模拟实战、执行力提升沙盘模拟实战、战略目标及经营计划的制定与执行沙盘模拟实战、企业跨部门沟通与协作沙盘模拟实战，涉及企业经营管理的各个方面，有助于提升管理者的实操能力。

　　本书的整体策划以及第二章至第九章的编写工作主要由我负责，刘月松、裴章先、张珂、张景宗分别负责第一章、第十章、第十一章、第十二章的编写工作，王冉、许静负责培训输出部分的策划及编写工作，杜雨璠、司瑶瑶、付小桐负责培训日程、培训注意事项的编写工作。此外，我的爱人付汾莒以及同事刘伟、吴幼萍、吕晓可、孙懿、蔡廷爽、杨雪英、任慧萍、张大川、李悦、邓林、吴冰、陈浩填在本书编写过程中提供了大量帮助，在此一并表示感谢。

张宝东
2024 年 12 月 21 日

目录

Contents

沙盘模拟实战课前须知   001

第一章   企业战略管理沙盘模拟实战   009

     第一节   企业战略管理沙盘模拟实战说明   011
     第二节   企业战略管理沙盘模拟实战流程及核心知识点   014
     第三节   企业战略管理沙盘模拟实战试题   027

第二章   企业经营管理沙盘模拟实战   031

     第一节   企业经营管理沙盘模拟实战说明   033
     第二节   企业经营管理沙盘模拟实战流程及核心知识点   036
     第三节   企业经营管理沙盘模拟实战试题   047

第三章   企业非财务经理的财务管理沙盘模拟实战   049

     第一节   企业非财务经理的财务管理沙盘模拟实战说明   051
     第二节   企业非财务经理的财务管理沙盘模拟实战流程及
                 核心知识点   054
     第三节   企业非财务经理的财务管理沙盘模拟实战试题   074

第四章　企业市场营销与管理沙盘模拟实战　　077

第一节　企业市场营销与管理沙盘模拟实战说明　　079

第二节　企业市场营销与管理沙盘模拟实战流程及核心知识点　　082

第三节　企业市场营销与管理沙盘模拟实战试题　　096

第五章　企业高效团队建设与群体决策沙盘模拟实战　　099

第一节　企业高效团队建设与群体决策沙盘模拟实战说明　　101

第二节　企业高效团队建设与群体决策沙盘模拟实战流程及
核心知识点　　103

第三节　企业高效团队建设与群体决策沙盘模拟实战试题　　112

第六章　思维创新 - 问题分析与解决之道沙盘模拟实战　　115

第一节　思维创新 – 问题分析与解决之道沙盘模拟实战说明　　117

第二节　思维创新 – 问题分析与解决之道沙盘模拟实战流程及
核心知识点　　119

第三节　思维创新 – 问题分析与解决之道沙盘模拟实战试题　　131

第七章　高效时间管理沙盘模拟实战　　133

第一节　高效时间管理沙盘模拟实战说明　　135

第二节　高效时间管理沙盘模拟实战流程及核心知识点　　137

第三节　高效时间管理沙盘模拟实战试题　　146

第八章　领导力提升沙盘模拟实战　　149

第一节　领导力提升沙盘模拟实战说明　　151
第二节　领导力提升沙盘模拟实战流程及核心知识点　　154
第三节　领导力提升沙盘模拟实战试题　　163

第九章　企业成本管理与控制沙盘模拟实战　　165

第一节　企业成本管理与控制沙盘模拟实战说明　　167
第二节　企业成本管理与控制沙盘模拟实战流程及核心知识点　　169
第三节　企业成本管理与控制沙盘模拟实战试题　　178

第十章　执行力提升沙盘模拟实战　　181

第一节　执行力提升沙盘模拟实战说明　　183
第二节　执行力提升沙盘模拟实战流程及核心知识点　　186
第三节　执行力提升沙盘模拟实战试题　　193

第十一章　战略目标及经营计划的制定与执行沙盘模拟实战　　195

第一节　战略目标及经营计划的制定与执行沙盘模拟实战说明　　197
第二节　战略目标及经营计划的制定与执行沙盘模拟实战流程及核心知识点　　199
第三节　战略目标及经营计划的制定与执行沙盘模拟实战试题　　206

第十二章　企业跨部门沟通与协作沙盘模拟实战　　209

　　第一节　企业跨部门沟通与协作沙盘模拟实战说明　　211
　　第二节　企业跨部门沟通与协作沙盘模拟实战流程及核心知识点　　214
　　第三节　企业跨部门沟通与协作沙盘模拟实战试题　　218

参考文献　　221
附录一　团队组建报告模板　　223
附录二　天地公司 P1 产品研发报告　　224
附录三　决策用表　　226
附录四　行业信息统计报表　　228
附录五　培训总结　　229
附录六　各章试题答案　　236

沙盘模拟实战课前须知

▼

1. 准备器材

投影仪 1 台

白板 1 块（1.5 米 ×2 米）

白板笔（黑色、蓝色和红色各 2 支）

带橡皮铅笔 1 支 / 人

A4 白纸 1 包

音响设备附带无线麦克风 2 个

讲台 1 张

备用电脑 1 台

翻页笔 1 支

助教台 1 张

签到表 1 份

教学岛 6 个（用课桌拼成，不要太大、太长，方形或圆形均可）

2. 会场布置平面图

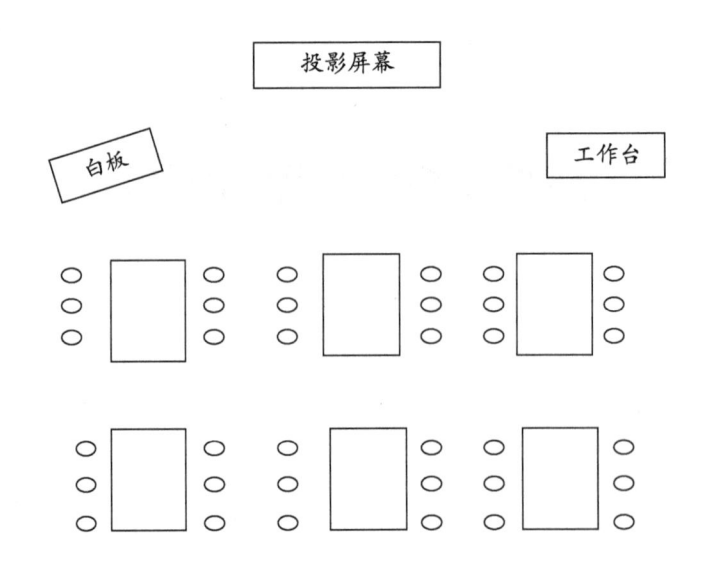

（注：讲师可以根据场地和培训人数做相应位置调整）

3. 注意事项

（1）课程的延续性很强，若错失前面的课程内容学习，后期将无法进入，因此，第一天上午没有到课，准备下午或第二天上课的学员最好本次请假，下次课程再来进行完整的学习。

（2）沙盘课程为体验式互动课程，无特别要求学员不得走动。

（3）教学岛不要设置得太长、太大，四面均可安排座位，越紧凑越好。

（4）准备两个麦克风，老师讲课和学员发言各用一个。

（5）学员均匀分组，遵循能力相当、男女混合、老中青相结合的原则。

（6）一定要准备一个长 1.5 米以上的标准白板，以便于记录经营数据。

（7）有事不能坚持全程参与的学员最好安排旁听。

（8）最好能为优胜团队成员准备一份奖品（如证书、奖牌等）。

4. 日程安排

沙盘模拟实战培训

第一天上午			
时间	内容	方法	说明
9:00~9:35	课程导入	展示、讲解	了解沙盘模拟实战课程的来源、结构和内容，了解本次培训的学习任务及目的、学员注意事项，引导学员预先调整学习态度，做好心理准备
9:35~10:10	理论讲授及组建管理团队	讲授、小组讨论	解读团队的内涵及团队建设的重点，阐述管理团队中各角色及其任务职能，通过不同的角色扮演完成团队的基本分工
10:10~10:30	学习模拟经营规则，进行行业环境扫描	小组讨论	通过行业环境扫描来体验环境分析的基本内容及企业战略设计的基本思路，分析宏观环境、中观环境，解读模拟行业的经济特性、行业结构及竞争形态等，初步辨识市场机会和风险。分析内部资源、挖掘核心竞争力
10:30~10:40	课间休息		
10:40~11:40	信息梳理、解读，规则答疑	展示、讲解	插讲部分经营管理基础知识
11:40~11:45	模拟经营第一年度市场调研	小组讨论	评测学员基本的市场意识和成本意识
11:45~12:00	P1 新产品研发	小组讨论	学习在信息缺失之下理性决策思考的基本原理

续表

第一天下午

时间	内容	方法	说明
14:00~14:15	进行公司远景规划	小组讨论	·确立企业基本战略取向，制定企业战略远景和目标，深入研究市场需求 ·依据企业的战略规划，展开第一年度各项经营决策工作 ·学会收集、整理与分析商业信息，锻炼外部市场信息与内部管理信息的收集、管理与共享能力 ·运用战略分析的工具和方法，评估内部与外部环境，对竞争对手的优劣势进行分析，进而识别并抓取市场机会 ·对顾客消费心理特征和竞争对手的策略进行分析，初步运用营销组合策略，缔造竞争优势，提高市场占有率 ·对竞争定位策略中的四种角色进行解读和评价 ·了解营销发展战略中专业化和多元化发展战略的选择并进行解读、评价 ·在团队融合和建设过程中，体验跨部门沟通与协调，提高周边绩效，树立全局意识，练习使用团队建设的方法构筑团队信任
14:15~15:00	第一年度模拟经营，召开决策会议，完成公司的资源配置及经营方案	小组讨论	
15:00~15:15	展示资源配置	展示、讨论	
15:15~15:30	市场竞标	小组讨论	
15:30~15:40	课间休息		
15:40~16:00	结算收入，盘点当期业绩	讲解、讨论	
16:00~17:00	公司总结及讲师点评	讲解、分析	

续表

第二天上午			
时间	内容	方法	说明
9:00~9:20	理论知识讲授	展示、讲解	・结合第一年模拟经营情况，系统回顾、学习战略的概念和管理的完整过程 ・依据企业的战略规划，结合第二年度初期公司经营状况，展开第二年度各项经营决策工作 ・检验和锻炼学员对内外环境变化的关注意识和分析能力，建立环境变化的敏感性 ・进一步锻炼、学习对主要竞争对手的辨识意识和辨识技术 ・抓取当年的消费者新的消费心理特点，进一步运用营销组合策略，缔造竞争优势，提高市场占有率 ・通过进一步梳理各职能间的相互支撑作用，认识不同管理部门管理延伸的方向和逻辑关系，构建学员系统运筹企业的思路、格局 ・团队建设过程中亲身感受否定式反馈、抚慰式反馈、交流式反馈对于组织建设的不同影响 ・检验上期暴露问题的改进情况，强化调整
9:20~9:30	盘点第二年度初期公司资源状况	展示、讲解	^
9:30~9:35	第二年度市场调研	小组讨论	^
9:35~9:45	P2新产品研发	小组讨论	^
9:45~10:15	第二年度模拟经营，召开决策会议，调整公司的资源配置及经营方案	小组讨论	^
10:15~10:30	市场竞标	小组讨论	^
10:30~10:40	课间休息		^
10:40~11:00	结算收入，盘点当期业绩	讲解、讨论	^
11:00~12:00	公司总结及讲师点评	讲解、分析	^

续表

第二天下午				
时间	内容	方法	说明
14:00～14:10	盘点第三年度初期公司资源状况	展示、讲解	·对营销中的市场定位策略、市场资源配置、广告和促销计划、定价策略等形成整体认识 ·在多市场的环境下，演练目标市场选择，完整运用营销组合策略，缔造持久竞争优势 ·进一步演练营销战略，提高对防御战、进攻战、侧翼战、游击战的理解与灵活运用能力 ·在更加复杂的竞争环境中，适应市场的诸多不确定性，练习掌握在多变环境下完成营销目标的综合能力 ·练习企业系统内的高效资源配置，协调融资、投资、运营、市场营销等职能间的协调与融合 ·针对模拟经营三年中暴露的营销、团队、运营、财务等各方面问题，进行系统回顾、总结，进一步促进学员提升相应的实战管理能力
14:10～14:15	第三年度市场调研	小组讨论	
14:15～14:25	P3新产品研发	小组讨论	
14:25～14:55	第三年度模拟经营，召开决策会议，完成公司的资源配置及融资方案	小组讨论	
15:00～15:15	展示资源配置	展示、讨论	
15:15～15:30	市场竞标	小组讨论	
15:30～15:40	课间休息		
15:40～16:00	结算收入，盘点当期业绩	讲解、讨论	
16:00～17:00	公司总结及讲师点评	讲解、分析	

（注：现场具体的进度安排，老师可能会根据大家课堂上的实际进展，遵照保障课程效果的原则，酌情调整。）

5. 培训课程输出

沙盘模拟实战培训课程的输出一般体现在以下几个方面。

（1）团队组建报告（详见附录一）：公司名称体现团队成员在思想意识方面的创造性、新颖性、艺术性、实用性；团队精神（口号）体现团队成员的朝气蓬勃、积极追求与事业心；管理分工体现团队成员对公司组织结构、岗位职责的认知以及自我认知，同时体现主动性、协作性、系统性、担当与使命感；团队规则体现团队成员对公司管理规范的认知。

（2）产品研发报告（详见附录二）：体现竞争战略的选择与执行能力、系统思考能力、预算管理能力、资源有效使用与平衡能力、对市场与客户需求的研究能力、产品线战略策划能力、沟通能力与冲突处理能力。

（3）小组的决策用表（详见附录三）：体现团队成员现有的决策水平，尤其是企业经营中的系统思考、全局思考能力以及财务管理能力、营销管理能力等。

（4）白板上的行业信息统计报表（详见附录四）：体现所有参训队伍的经营管理能力，有亮点也有不足，讲师在年底点评时会一一指出，促使大家一起进步、一起提升。

（5）年底总结：总经理以及部分高管对当年经营情况进行总结，紧紧围绕当年的经营管理、团队建设、财务管理、营销管理、人员表现等进行回顾，并对整个行业以及本公司的未来进行展望。

（6）个人培训心得：记录培训结束后每个人的心得，包括在培训中获得的感悟、体会等，最重要的是要把这些心得运用到现实工作中，提升所在企业的经营业绩。

（7）现场资料：如照片、视频、感想贴等。

（8）培训全面回顾：由参训公司人力资源部门或培训部门撰写培训报告，就本次培训做一次全面回顾，包括时间、地点、主讲老师、主讲内容、参训人员、培训过程、大家的表现和收获等（详见附录五）。

第一章

企业战略管理沙盘模拟实战

【战略】
烽火连山起,楚河汉界分。
谋局着百世,一发动全身。

第一章
企业战略管理沙盘模拟实战

第一节 企业战略管理沙盘模拟实战说明

战略管理沙盘模拟实战旨在通过沙盘模拟企业经营演练，树立管理者的战略管理思想和重在执行的意识，切实提升管理者分析环境、洞察市场、把握机会、制定战略、确立优势、改进绩效、科学决策、坚定执行的实战能力。参加培训的学员将亲手制定模拟公司的战略规划并付诸实施。在高强度的市场竞争中，模拟公司将遭遇各种各样的危机、困难、压力和挑战，每个管理团队都要面对激烈动荡的市场环境，制定适应性发展战略与竞争战略。一系列实战性的模拟经营决策将引发学员深层次的系统思考，艰苦卓绝的模拟经营历程将在学员内心深处留下深刻的记忆和影响。每一年度模拟经营演练结束后，学员们都要对当年的业绩进行盘点与总结，结合主讲老师对各个模拟公司战略方案的点评与分析，反思经营成败，解析战略得失，梳理管理思路，暴露执行误区，并通过3~4年调整与改进的练习，切实提升战略规划能力，领悟战略执行的真谛。

一、培训的意义

经过2~3天的学习，使学员对战略规划与执行的认识更加全面和清晰。通过3~4轮持续的实战和调整，学员将获得企业战略规划与执行的宝贵实践经验。

1. 对于高层经理

（1）验证以往形成的战略管理思想和方法，暴露自身存在的战略管理误区，并使战略管理理念得到梳理与更新。

（2）经过模拟实战，牢牢掌握企业战略谋划的思路和流程，清晰认识战略谋划和执行中容易出现的问题，切实提高战略管理能力。

（3）借助模拟经营的成败分析，突破性地提升高层管理者审时度势、理性决策的意识和能力。

（4）通过应对市场环境的突变和竞争对手的市场攻势，培养管理者的快速应变能力和战略控制水平。

（5）提升管理视角，基于战略优势的缔造，探索企业长期稳定发展的战略路径。

（6）通过生动、鲜活的现场案例分析，认识不同战略方案的选择与经营业绩之间的逻辑关系，及时反思现实中企业战略安排的正确性。

2. 对于中层经理

（1）通过对模拟企业战略规划与执行的全方位、实质性参与，加深对企业战略规划的理解，有助于提高现实中战略执行的有效性。

（2）系统了解企业内部价值链的关系，认识到打破狭隘的部门分割，增强全局战略意识的重要意义。

（3）树立起为未来负责的发展观，深刻体会短视经营的危害，从思想深处构建起战略经营思路。

（4）掌握战略分析、战略制定、战略执行、战略控制的基本方法。

（5）通过演练战略实施，使学员锻炼成为优秀的战略执行者。

二、培训课程大纲

培训对象：企业中高层经理

培训规模：20～50人

授课时间：2～3天（12～18学时）

1. 战略导向型团队建设

（1）基于团队承诺，制定战略目标和行动计划。

（2）体验战略指导下不同意见和分歧的处理技巧。

（3）通过团队磨合，破解团队建设过程中的战略困局。

（4）在模拟经营中树立团队的战略共识和战略协同意识。

（5）学习跨部门合作与协调，提高全局意识和战略格局。

（6）通过模拟团队协作，认识战略导向型团队的优势。

2. 发展战略规划

（1）通过模拟经营，练习使用战略分析工具和方法，评估内部资源与外部环境，识别市场机会与威胁。

（2）制定、实施模拟企业的中长期发展战略。

（3）了解适合企业战略需要的业务组合策略及其分析制定方法。

（4）学习企业核心能力的确立与战略优势缔造策略。

（5）根据模拟企业发展需要，合理运用稳定、增长与收缩战略。

3. 产品（服务）战略设计

（1）学习运用产品组合策略和产品开发策略规划产品线。

（2）为模拟企业谋求稳定的利润来源提供核心产品支撑。

（3）根据产品生命周期的不同阶段制定长远性产品梯次战略。

4. 竞争战略选择

（1）进行模拟市场细分和定位，制定新市场进入战略。

（2）练习使用竞争者辨识与分析技术进行竞争集团划分。

（3）学习运用并深刻理解低成本战略、差异化战略和聚焦战略。

（4）掌握优化复合竞争战略，策划战略进攻与防御措施。

（5）根据模拟经营形势，灵活运用领导者、挑战者、追随者、补缺者战略。

（6）运用营销组合策略谋求市场竞争优势。

5. 战略执行与经营决策

（1）演练每一个模拟经营环节的理性管理决策过程。

（2）学习战略认同基础上的经营目标制定、组织结构调整、战略方案分解、企业资源配置、信息沟通渠道建设等方法。

（3）利用期末总结，进行经营反思，认清管理者的战略执行误区。

（4）在不断的模拟经营实践中掌握战略执行的基本原则和方法。

（5）总结模拟公司发生的重大决策问题，寻找引发问题产生的根源，认识感性决策的危害。通过模拟经营，检验、调整经营决策。

（6）现场运用团队决策，亲身体验群体决策的优势与魅力。

6. 战略性财务筹划

（1）运用全面预算管理，保证战略资源供给。

（2）练习资本运作、行业选择、市场推进等环节中的战略成本控制。

（3）学习公司战略指导下的融资、投资、运营等方面的战略协同。

（4）运用财务分析方法指导企业进行战略跟踪与调整。

第二节　企业战略管理沙盘模拟实战流程及核心知识点

企业战略管理沙盘模拟实战流程，如图1-1所示。

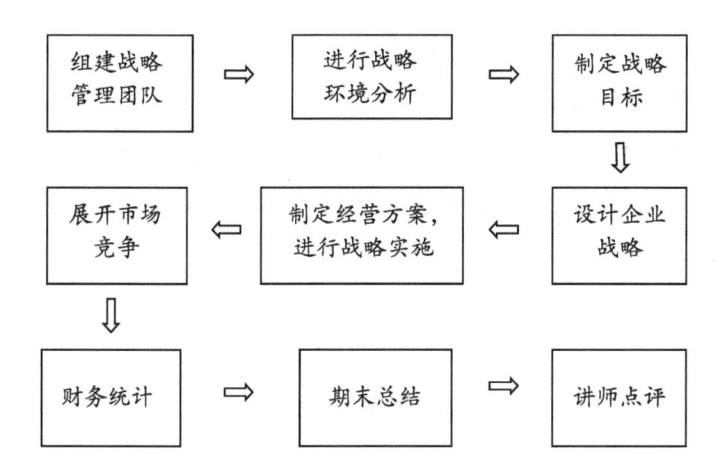

```
组建战略      进行战略      制定战略
管理团队  ⇒   环境分析  ⇒    目标
                                ⇓
展开市场     制定经营方案，    设计企业
 竞争   ⇐   进行战略实施  ⇐    战略
  ⇓
财务统计  ⇒   期末总结   ⇒   讲师点评
```

图 1-1　企业战略管理沙盘模拟实战流程

一、组建战略管理团队

组建战略管理团队是万事之始。战略是决定企业成败的大事，全球范围内的国际大公司都建有战略管理委员会，其成员一般为包括总经理甚至董事长在内的重要高管，而那些没有专门设立战略管理委员会的公司也会定期或不定期地召开战略分析会议，在这一环节，将会建立由总经理、战略部经理、财务部经理、营销部经理、人力资源部经理、研发部经理、生产部经理组成的战略管理团队。

二、进行战略环境分析

战略环境分析是制定战略的基础。

1. 核心知识点学习

（1）什么是企业战略。

企业战略是企业为了获得持续竞争优势，谋求长期生存和发展，在对环境与资源分析的基础上，对企业的主要发展方向、目标以及实现的途径、手段等展开的一系列全局性、根本性和长远性的谋划。

（2）战略的三个层次。

在业务多元化的公司，战略被分为三个层次，即公司战略、业务战略、职能战略（见表1-1）。在单一业务公司，战略只有两个层次，即业务战略和职能战略。在不涉足多业务经营的公司，管理者也将公司战略和业务战略合二为一，统称为公司战略。具体如表1-1所示。

表1-1 战略层级表

战略层次	内容
公司战略	确定投资领域，根据发展前景在不同业务间分配资源
业务战略	如何获得市场竞争优势
职能战略	对重要职能活动进行总体策划，支持业务战略的实现

（3）战略管理。

战略管理是企业确定其使命，根据内外部环境设定企业的战略目标，为保证目标的实现进行谋划，并依靠内部的能力将这种谋划和决策付诸实施，以及在实施过程中进行控制的一个动态管理过程，如图1-2所示。

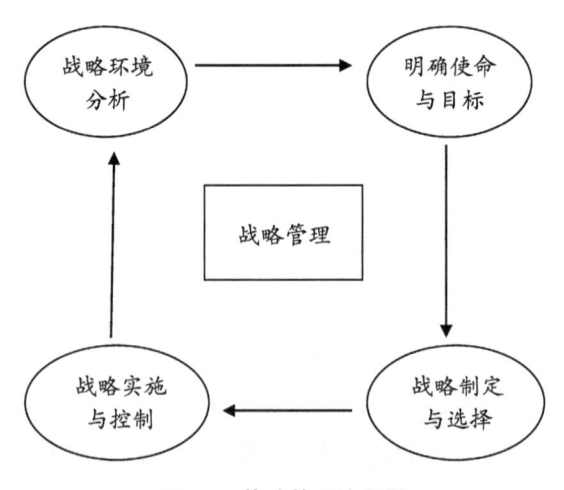

图1-2 战略管理流程图

（4）战略管理的适时性。

公司领导者和战略管理者的重要责任之一就是跟踪战略执行进度，评估公司业绩，监测环境变化，并根据需要采取调整性措施。调整可能会涉及战略管理的各个方面，比如调整公司的发展方向、重新界定公司的业务内容、提高或者降低公司的总体目标、对战略及实施策略和行动做出修改和调整。

（5）确立远景规划。

远景规划描绘的是公司未来发展的蓝图，即公司前进的方向、公司的定位、将要占领的市场位置以及计划发展的业务能力。许多公司的失败并不是源于错误的行动，而是错误的方向。

（6）战略环境分析。

对公司战略的判断不能仅仅依靠管理者个人的直觉和经验，而应建立在对公司外部环境和内部态势实事求是分析的基础之上，行业和竞争环境以及公司本身的竞争能力、资源状况、优势劣势是分析的重点。同样，仅具有勇气也是不够的，大多数企业家缺的不是勇气，而是决策和行动前系统、审慎的分析思考。

①一般外部环境分析。一般外部环境是指给企业带来市场机会或威胁的主要社会因素，有时也称为宏观环境。分析采用的主要工具是PEST分析（见图1-3），包括政治与法律（Political and Legal）因素、经济（Economic）因素、社会和文化（Social and Cultural）因素、技术（Technological）因素，当然更广泛更详细的分析还可以包括自然地理、气象气候、水陆空交通等各方面要素。

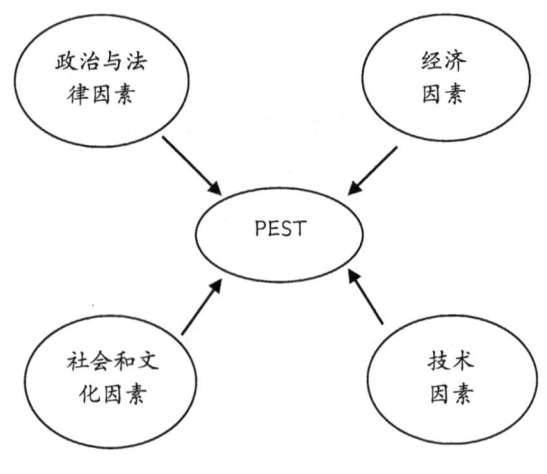

图 1-3　PEST 分析图

②行业与竞争分析。公司的利润状况不仅取决于公司本身的盈利能力，还取决于它所处行业的整体吸引力。身处毫无吸引力的行业，即使是优秀的公司也很难取得良好的经营业绩。行业与竞争分析有助于把握行业的整体状况以及未来的利润前景，使公司对行业的未来前景有一个全面、深入的理解和明确的展望。行业与竞争分析的主要内容包括：行业有什么样的经济特性；行业的竞争状况如何；行业受哪些变革驱动因素影响；主要竞争对手及其战略是什么；行业的关键成功因素有哪些；行业未来的发展趋势有哪些。

③内部环境分析。对于成功的公司而言，仅仅理解外部环境及其变化趋势还远远不够，对公司自身的正确理解同样重要，知己知彼方能百战不殆。公司战略只有与外部市场环境相匹配，同时又与公司内部的资源及竞争能力相匹配，才能引导公司沿着正确的方向前进。内部环境分析的主要内容包括：公司目前的战略是怎样的；公司战略运行效果如何；公司目前的竞争地位如何；公司有哪些资源优势与劣势；公司有哪些能力强项和能力弱项；公司可能遇到哪些战略问题；公司的经营管理团队水平如何；公司的企业文化如何；公司各级员工的信心如何。

（7）SWOT 分析。

SWOT（Strengths，优势；Weaknesses，劣势；Opportunities，机会；Threats，

风险）分析是非常重要的工具，通过分析，可以从以下四种战略中选择适合企业的战略：增长型战略（SO 战略）、扭转型战略（WO 战略）、多种经营战略（ST 战略）、防御型战略（WT 战略），如图 1-4 所示。

```
                    机会 O
                     ↑
扭转型战略（WO 战略） │ 增长型战略（SO 战略）
                     │
─────────────────────┼─────────────────────→
  劣势 W             │            优势 S
                     │
防御型战略（WT 战略） │ 多种经营战略（ST 战略）
                     │
                    风险 T
```

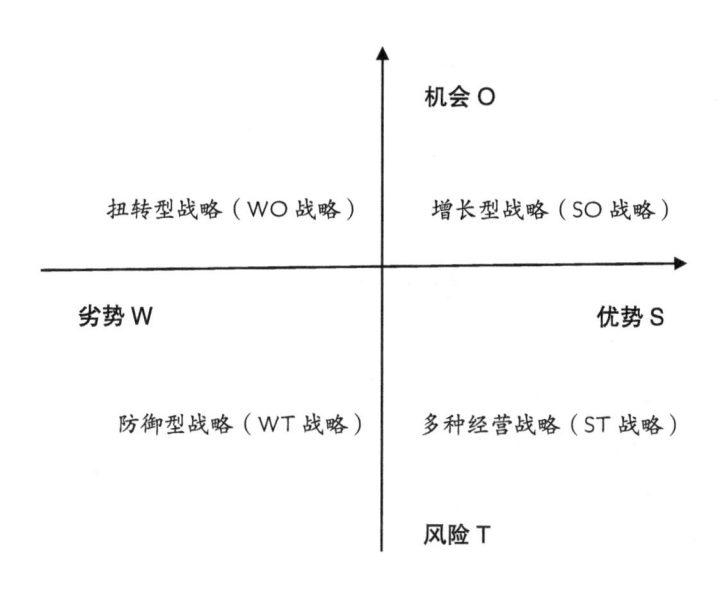

图 1-4　SWOT 分析图

①增长型战略（SO 战略）：外部有市场机会，公司又具有与之匹配的资源和能力方面的优势，则采取增长型战略。

②扭转型战略（WO 战略）：外部有市场机会，公司没有与之匹配的资源和能力方面的优势，则采取扭转（劣势）型战略。

③多种经营战略（ST 战略）：外部没有市场机会，公司具有一定的资源和能力方面的优势，则采取多种经营战略。

④防御型战略（WT 战略）：外部没有市场机会，公司也没有资源和能力方面的优势，则采取防御型战略，比如从业务领域撤退。

（8）资源与战略。

企业的资源包括外部资源和内部资源（见图 1-5），任何一个企业，都既拥有资源强势，又有着资源弱势；既有竞争资产，又有竞争负债。战略制定的核心在于挖掘企业某些突出的强势资源作为支撑战略的基础，成功的战略总是能够充分利用企业的资源强势，同时采取措施弥补企业的资源弱势。

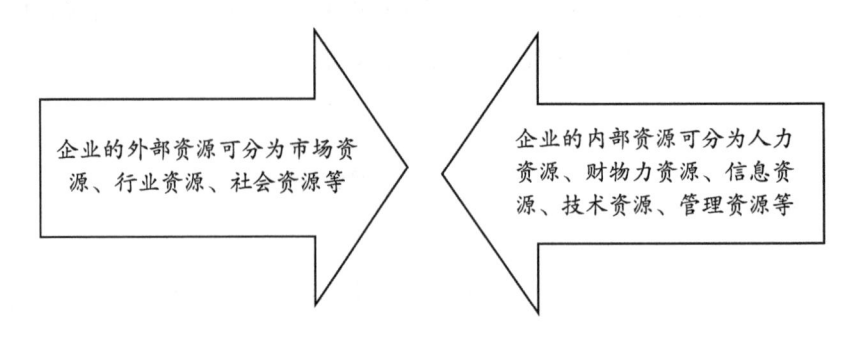

企业的外部资源可分为市场资源、行业资源、社会资源等

企业的内部资源可分为人力资源、财物力资源、信息资源、技术资源、管理资源等

图 1-5　资源分析图

（9）什么是核心能力。

核心能力是组织中的积累性学识，特别是关于如何协调不同的生产技能、管理技能和有机结合多种技术的学识。

（10）核心能力的特征。

从客户的角度出发，是有价值并不可替代的；从竞争者的角度出发，是独特并不可模仿的；从公司本身的角度出发，是公司独有的并能够给公司带来收益的。

（11）核心能力的内涵。

组织成员掌握的知识和技能；企业技术系统之中的知识；管理系统、管理制度、对创新的奖励、有计划的员工教育等；隐性价值系统，如企业文化。

（12）市场机会。

公司所面临的市场机会是指那些能够为公司带来短期利润或有利于公司长期发展的一些机遇。这些机遇有时可能随处可见，有时则极为少见；有的可能极具吸引力，有的则没有多大吸引力。

（13）行业机会和公司机会。

管理者必须将行业机会和公司机会区别开来，避免将所有行业机会都看作本公司的机会。公司的资源是有限的，因而没有能力追逐所有行业机会，只有与公司的资源能力相匹配的机会才可能成为公司的机会。如果没有且不能在短期内建立利用行业机会的能力，那么最好的选择就是放弃。

（14）外部威胁。

影响公司盈利和发展的威胁时刻伴随公司左右，例如可能直接导致现有产品出局的全新替代产品和新发明、使成本大幅降低的设备和技术、强大竞争者的进入、外购资源难以获得或价格上涨、外汇市场的波动对出口的影响、政府管制的加强、政治环境的重大变化等。对此可以使用五力模型进行分析，如图1-6所示。

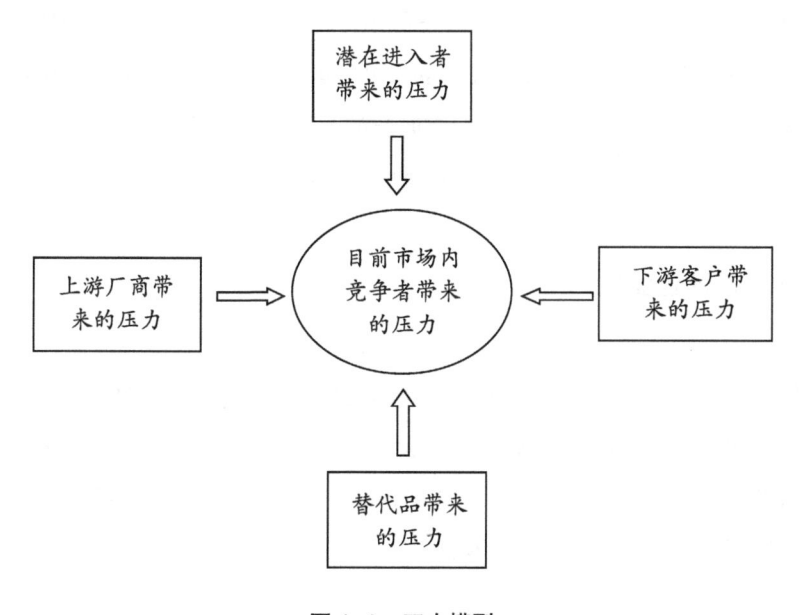

图 1-6　五力模型

（15）机会、威胁与战略。

机会与威胁常常同时存在，但成功的战略总是能够根据公司现有的资源能力把握最佳的市场机会，同时积极采取行动来防御那些可能影响公司竞争地位和未来发展的外部威胁。

2. 实战演练

了解模拟行业基本信息，了解竞争对手，了解客户需求。

三、制定战略目标

目标是公司各级员工在一定期限内奋斗的具体方向,具有凝聚力作用。建立目标体系就是要将公司的远景规划和业务使命转换成明确具体的业绩目标,从而使公司的发展过程有一个可以衡量的标准。好的目标体系能够使公司的各级执行者在采取行动时方向更加明确、努力更有成效。任何一家公司都同时需要战略目标体系和财务目标体系。具体目标的设定一般要符合SMART(Specific,具体的;Measurable,可以衡量的;Attainable,能够实现的;Relevant,相关联的;Time-bound,有时限的)原则。在这一环节,各个公司将要制定自己的经营目标,如市场份额、收入、利润等。

四、设计企业战略

战略作为实现公司目标的手段,是远期和近期相结合而建构的一个体系。完整的公司战略包括两方面内容:一是针对现实的环境及竞争压力所精心策划的有目的的行动;二是对未来不能准确预期的情况和可能变化的环境所采取的针对性的预防和应对策略以及具体措施。

1. 核心知识点学习

(1)企业发展战略。

企业发展战略即企业谋求长期发展所采取的战略,如表1-2所示。

表1-2　企业发展战略

密集型成长战略	一体化成长战略	多元化成长战略
市场渗透	横向一体化	相关多元化
市场开发	纵向一体化	不相关多元化
产品开发	混合一体化	综合多元化

①密集型成长战略也称加强型成长战略，是指企业充分利用现有产品或服务的潜力，强化现有产品或服务竞争地位的战略。

②一体化成长战略即企业充分利用已有的产品、技术、市场的优势，向经营的深度和广度发展的一种战略，其中纵向一体化又分为前向一体化和后向一体化两种形式。

③多元化成长战略是指企业同时经营两种以上基本经济用途不同的产品或服务的一种发展战略。其优势是相关多元化带来的战略协同产生竞争优势，成本节约的机会来自与价值链上的战略匹配，如管理协同、技术协同、生产协同、营销协同等。多元化应注意的问题包括：多元化与扩张时机相吻合；多元化与资源规模相匹配；多元化与管理体制相适应；多元化与管理能力相协调。

（2）竞争战略。

竞争战略的实施目的是要取得相对于竞争对手的优势，它是实现企业总体战略的方法保证，如何进入公司战略所确定的市场与经营领域需要竞争战略来明确。采取成长、稳定、收缩的战略选择固然要考虑外部的机会与威胁，但更重要的是要有竞争优势来支撑。竞争战略有三种基本形式，即成本领先战略、差异化战略、聚焦战略。

成本领先战略是指企业通过有效的途径降低经营过程中的成本，使企业以较低的总成本赢得竞争优势的战略。

①成本领先与竞争优势：在行业中居于低成本地位能够为公司提供有力的防御力量，可以有效抵御各类竞争压力。

②低成本获取良好的利润的途径：通过低成本优势制定低价格，大量吸引对价格敏感的顾客，进而提高总利润；不削价，满足于现有的市场份额，利用低成本优势提高单位利润率。

③获取成本优势的两个途径：对企业的每项价值活动及其驱动因素逐一审查，以寻找降低成本的机会，并始终如一地寻找它们；重构价值链，通过审查内部价值链，对相应环节进行改进从而控制成本驱动因素。

④成本领先战略何时最有效：行业内的价格竞争非常激烈；行业内的产品基本是标准化的；顾客对价格的敏感程度较高；顾客的转换成本很低；顾客具

有很强的谈判能力。

差异化战略是将企业提供的产品或服务实现差别化，建立起本企业在行业中独有的一些内容。实现差异化战略可以有多种方式，如设计名牌形象、拥有独特的技术、具有独特的性能、提供特别的顾客服务、拥有专门的业务网络等。最理想的情况是，公司能在几个方面同时具有"差异化"的特征。

①差异化与竞争优势：成功的差异化战略将成为企业获得较高利润的积极战略，因为它能建立起"防御阵地"来应对竞争。成功的差异化可以使公司制定高于竞争对手的价格，获得购买者对其品牌的忠诚，提高市场占有率。

②差异化的四种途径：提供降低购买者成本的差异化特色；提高用户所获性能的差异化特色；从无形的角度提高用户的满意度；通过竞争对手没有或不能克服的竞争能力为顾客提供价值。

③差异化何时最有效：可以有很多的途径创造差异化，而且购买者认为这些差异有价值；产品的需求和使用呈现多样性；拥有类似差异化的竞争对手很少；技术变革很快，市场竞争主要体现在不断推出新产品、新服务。

聚焦战略要求企业主攻某个特定的顾客群、某条产品线的一小段或某一区域性市场。成本领先战略与差异化战略都是为了在全行业范围内实现企业的目标，而聚焦战略是围绕某个特定的顾客群（细分小市场）来提供服务，该战略指导下的每项活动都应围绕这一目标群体展开。

①聚焦战略的目的和战略基础：目的是比竞争对手更好地服务于目标细分市场的购买者；战略基础是服务目标小市场的成本比竞争对手的成本低，能够为小市场的购买者提供更具差异化的内容。

②聚焦战略何时具有吸引力：目标小市场的规模可以盈利；小市场具有很好的成长潜力；小市场不是主要竞争厂商的关键市场；具有为小市场服务的资源和能力；可以在小市场建立起顾客品牌声誉和个性化服务。

③何时采取聚焦战略：定位于多细分市场的厂商很难满足目标小市场的专业化或特殊需求；没有其他竞争厂商在同一目标市场上进行专业化经营；行业内有多个细分市场，一家公司没有足够的能力进入所有细分市场，而采取聚焦战略的厂商能够选择与自己的优势和能力相符的目标市场。

2. 实战演练

各个公司制定自己的战略，尤其是竞争战略。

五、制定经营方案，进行战略实施

战略实施是指将战略计划变成实际的行动，然后转变成有效的结果，达成战略目标。战略实施是战略管理中最复杂、最耗时，也是最艰巨的工作。战略实施在性质上与战略制定不同，它完全是以行动为导向的，其全部工作就是要让事情正确地发生。

1. 核心知识点学习

（1）战略实施包含了管理的所有内容，必须从公司内外的各个层次和各个职能入手。比如建设公司文化、完善公司现有规则和制度、制定相应的策略方针、拟定各种预算、对组织必要的资源进行控制、对员工进行激励、提高公司的战略能力与组织能力等。

（2）麦肯锡公司的7S构架，包括共同的价值观（Shared-values）、战略（Strategy）、风格（Style）、技能（Skill）、制度（System）、结构（Structure）、员工（Staff），实施战略需要系统性地从这些方面着手。

（3）战略实施八项基础任务。

①建立一个成功实施战略所必需的富有经验和能力的强有力的组织。

②组织、获得实施战略所必备的资源，并将之分配到关键性的战略环节和价值链活动中。

③制定支持战略的程序和政策，包括战略业务流程与激励政策等。

④按照计划开展战略实施过程中的实践活动，并采取措施促进活动效果的改善。

⑤建立有效沟通及运作系统，使员工更好地承担在战略管理中的任务。

⑥在适当的时机对员工进行适当的激励，以鼓励推进战略目标的实现。

⑦建立一种与公司战略相匹配的组织文化和工作环境。

⑧充分发挥战略实施过程中公司高层管理人员的领导作用,在他们的带动下不断提高战略实施的水平。

2. 实战演练

制定公司的贷款、采购、生产、人事等具体工作计划。

六、展开市场竞争

公司之间展开市场竞争,也就是将公司制定的战略特别是差异化战略或低成本战略在营销环节加以实施从而获得营销订单的过程。这一步骤还涉及一些具体营销策略,比如价格战、广告战等。

(1)制定产品销售价格。

(2)决定是否做广告宣传。

(3)确定是否设立账期。

(4)争抢订单。

七、财务统计

财务统计也就是统计经营成果,包括市场占有率、收入、利润等指标。

(1)统计公司产品市场占有率。

(2)统计营业收入、成本费用、投资收益、营业外收入、营业外支出等。

(3)计算利润、股东权益收益率、公司投资收益率等。

八、期末总结

每个公司总结当年在战略环境分析、战略目标制定、战略设计与制定、战略实施过程中的得与失，为下一年度的发展打好基础。

九、讲师点评

讲师紧紧围绕战略管理这一主题对每家公司的经营状况——进行分析，指出成绩，也指出不足，大家一起学习、一起进步。

第三节 企业战略管理沙盘模拟实战试题

一、单项选择题

（1）汽车整车制造企业兼并汽车零部件企业，属于（　　）。

    A. 一体化战略　　　　B. 多元化战略

（2）对公司战略的判断不能仅仅依靠管理者个人的直觉和经验，它应建立在对公司（　　）以及内部态势实事求是分析的基础之上。

    A. 外部环境　　　　　B. 企业领导

    C. 组织机构　　　　　D. 成本构成

（3）战略实施是指将（　　）变成实际行动，然后转变成有效的结果，完成战略目标。

    A. 企业目标　　　　　B. 产品定位

    C. 战略计划　　　　　D. 短期预算

（4）所谓差异化战略，是指为使企业产品与（　　）有明显的区别，形成与众不同的特点而采取的一种战略。

A. 原产品 B. 竞争对手产品

C. 本企业产品 D. 同行业产品

（5）企业通过有效途径降低成本，使企业的全部成本低于竞争对手的成本，甚至在同行业中成本最低，从而取得竞争优势的一种战略是（　　）。

A. 低成本战略 B. 营销战略

C. 竞争优势战略 D. 差异化战略

二、多项选择题

（1）一般外部环境是指给企业造成市场机会或威胁的主要社会因素，包括（　　）。

A. 政治法律 B. 客户需求 C. 经济因素

D. 社会因素 E. 技术因素

（2）基本竞争战略有（　　）。

A. 成本领先战略 B. 差异化战略 C. 聚焦战略

（3）优秀战略就是适应战略，具体来讲就是战略要与（　　）相适应。

A. 竞争对手 B. 环境

C. 资源 D. 股东

（4）以下哪些包含在竞争五力模型中（　　）。

A. 上游供应商 B. 银行

C. 替代品 D. 投资机构

（5）SWOT 指的是（　　）。

A. 优势 B. 劣势 C. 机会

D. 风险 E. 资源

三、判断题

（1）企业多元化发展既要与扩张时机相吻合也要与资源规模、管理体制、管理能力相协调。（　　）

（2）企业战略是企业为了获得短期竞争优势，谋求短期生存和长期发展，在对环境与资源分析的基础上，对企业的主要发展方向、目标以及实现的途径、手段等展开的一系列全局性、根本性和长远性的谋划。（　　）

（3）企业经营目标体系包括财务目标体系和战略目标体系。（　　）

（4）营销战略当中，价格战是一把双刃剑。（　　）

（5）模仿成功企业的战略一定会成功。（　　）

（答案见附录六）

第二章

企业经营管理沙盘模拟实战

【全局与系统】
绿叶迎光照,长根补水需。
鲜花多授粉,黄茎立身躯。

第一节　企业经营管理沙盘模拟实战说明

企业经营管理沙盘模拟实战旨在运用现代沙盘教学方法，通过亲身体验模拟企业完整的系统经营过程，使管理者从思想深处构建企业一盘棋的大格局，真正理解企业价值产生的根源，切实培养管理者的系统思考能力，提升管理者的全局观念，加强管理者的协作精神，树立管理者的整体意识。

实战培训紧密围绕着熟悉企业全面管理系统、了解企业整体运作流程、理解不同职能依存关系、谋求企业系统效率提升等四个方面的内容展开。

模拟经营中，学员分组建立若干模拟公司，分别扮演总经理、采购部经理、财务部经理、销售部经理、生产部经理、研发部经理等角色，成员间通过广泛交流和全方位的协作，形成相互支持的跨职能团队。每个团队都要面对激烈动荡的市场环境，制定企业发展战略，做出服务于全局的各项管理决策。模拟公司将依靠管理团队的集体智慧，参与激烈的市场竞争。参加培训的学员在经历模拟企业3~4年的成功与失败过程中，可以进一步地锻炼协作与沟通能力，树立本职工作服从全局的管理理念，培养顾大局、识大体的复合型管理人才。

一、培训的意义

通过2~3天统揽全局、全身心参与的模拟实战演练，学员的系统思考能力、全局意识和科学管理水平都会得到大幅提升，同时在思想深处发生脱胎换骨般的变化——跨越式地完成从传统管理到现代管理、从经验管理到科学管理、从封闭管理到开放管理、从被动管理到主动管理的思想转型，从而更新管理者的管理模式，提升管理者的思维格局。

二、培训课程大纲

培训对象：企业中高层经理

培训规模：20～50人

授课时间：2～3天（12～18学时）

1. 理解组织目标与战略

（1）进行组织战略展望——明确组织的愿景和使命。

（2）学习扫描经营环境，进行战略分析，寻找组织的战略机遇。

（3）通过模拟制定公司战略、竞争战略和职能战略，真正理解企业战略的内涵。

（4）练习长期战略目标的设计、细化与分解技术。

（5）借助梳理模拟企业的内部价值链，学习各职能间的战略协同。

2. 管理沟通与组织融合

（1）学习掌握外部市场信息与内部管理信息的收集与传递，通过信息共享打通职能竖井（指管理中的竖井效应，就是只看到自己不管他人）。

（2）演练三种不同的部门间沟通方式，体验不同沟通方式的特点。

（3）通过现场案例，分析常见的同级间沟通障碍和原因。

（4）透视上下级沟通的误区，解析传统沟通的代沟。

（5）学习一对一沟通、一对多沟通、多对一沟通的技巧与方法。

（6）学习开放型组织文化的建设，体验团队决策的魅力。

3. 经营计划的制定、分解与执行

（1）练习运用科学决策手段进行模拟公司总体计划的制定。

（2）体验总体模拟经营计划的分解与细化。

（3）通过沙盘模拟，学习、体会运用全面预算管理。

（4）演练公司计划的实施和执行，掌握执行的原则与方法。

（5）学习运用对比法检验计划的正确性，适时进行修正与调整。

4. 系统运营的过程控制

（1）演练各部门、各项目进度的均衡控制，确保组织的平衡发展。

（2）系统运用管理决策质量控制手段，提升决策的有效性。

（3）学习成本控制的程序和要点，进行综合成本管理与评估。

（4）模拟运用各类成本分析方法，有效降低组织运营成本。

（5）解除职能间的推诿借口，演练并检验提升各职能接口通畅性。

5. 系统运筹管理

（1）分析业绩不良的模拟企业案例，寻找运营效率缺失的原因。

（2）学习发挥职能协作精神，在实战中探索系统效率改进的路径。

（3）练习企业系统内的高效资源配置——协调融资、投资、运营、市场营销等职能间的协调与融合。

（4）在模拟经营过程中运用系统论的分析方法指导不同部门的经营决策，统一经营策略，提升运营质量。

（5）分析绩优的模拟公司战略安排和决策特点，认识顶层设计对系统效率的影响。

（6）通过梳理各职能间的相互支撑作用，认识不同管理部门管理延伸的方向和逻辑关系，构建管理者系统运筹企业的大思路、大格局。

6. 如何贡献理想的投资回报率

（1）在模拟运营中认识系统运营能力对投资回报率的重要意义。

（2）通过模拟实战，认识影响公司投资回报率的经营管理要素。

（3）通过改进模拟经营，深刻理解提高投资回报率的途径和方法。

（4）比较不同模拟公司的战略绩效，分析公司各职能间战略协同与优化战略投资回报率的深刻关系。

第二节 企业经营管理沙盘模拟实战流程及核心知识点

企业经营管理沙盘模拟实战流程，如图 2-1 所示。

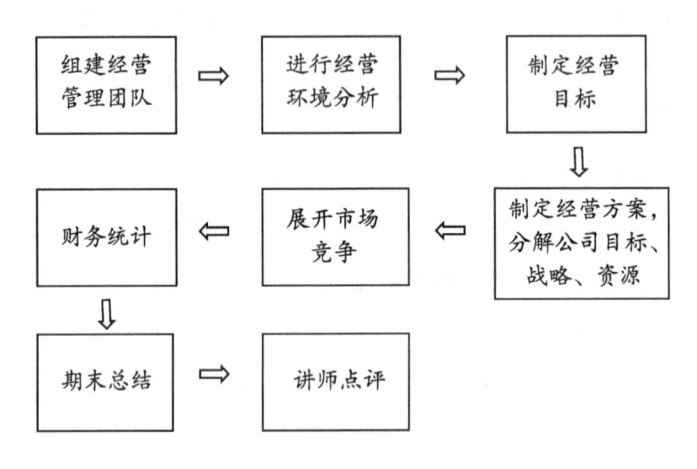

图 2-1 企业经营管理沙盘模拟实战流程

一、组建经营管理团队

运营一家企业需要各种各样的资源，其中人力资源是极其重要的资源，没有人力资源则其他资源的运用无从谈起，一支优秀的管理队伍是企业的资产，一支平庸的管理队伍则会成为企业的负债。在这一环节，将会成立由总经理以及财务部经理、销售部经理等各部门负责人组成的经营管理团队，大家群策群力、团结一致实现组织的目标。

二、进行经营环境分析

经营环境分析是制定各项决策的基础。

1. 核心知识点学习

（1）企业战略。

（2）战略的三个层次。

（3）战略管理。

（4）战略管理的适时性。

（5）战略环境分析。

以上内容在第一章都有讲到，此处不再赘述。

2. 实战演练

了解模拟行业基本信息，了解对手，初步了解客户需求。

三、制定经营目标

1. 核心知识点学习

目标是公司各级员工在一定期限内奋斗的具体方向，具有凝聚力作用。建立目标体系就是要将公司的远景规划和业务使命转换成明确具体的业绩目标，从而使公司的发展过程有一个可以衡量的标准。任何一家公司都不仅需要战略目标体系，而且还需要财务目标体系。

（1）战略目标体系。

即难于用财务数字表述的目标体系，具体包括以下几个方面。

①提高市场份额的目标。

②更快的市场反应目标。

③更高的产品质量目标。

④客户满意度提高的目标。

⑤人才素质提升的目标。

（2）财务目标体系。

即可以用财务数字表述的目标体系，具体包括以下几个方面。

①收入增长目标、收益增长目标。

②扩大利润率目标。

③提高总资产周转率目标。

④提高净资产收益率目标。

⑤股票价格上升、公司市值增长的目标。

2. 实战演练

各个公司制定自己的经营目标，分别是收入、利润、市场份额，这几个目标隶属于上述两个目标体系。

四、制定经营方案，分解公司目标、战略、资源

1. 核心知识点学习

（1）企业经营管理是管理者通过综合考虑企业各类经营管理要素，建立与维护各要素间的平衡关系，在优化各要素基础上谋求全局最优的高级经营管理活动。中高层领导必须抓住企业经营管理的关键要素，根据市场及竞争环境的变化，调整不同要素间的关系，使之协调与契合，以增强企业核心竞争力确保企业成功经营。构建全面经营管理系统就是要树立中高层领导着眼全局抓住重点的战略思想。

（2）企业整体效率的来源是最优化的各个职能活动，这些活动是企业竞争优势的构成单元，但是它们简单的聚合往往降低了这种优势，只有依据企业价值产生的内部逻辑关系将它们整合成一个协调运作的整体，才能达到整体最优。

（3）管理的基本职能是计划、组织、领导、控制。

①计划职能主要是指管理者确定目标，制定战略，以及开发分计划以协调行动。计划职能是管理的首要职能。一个良好计划的特点包括统一性、连续性、灵活性、精确性。

②组织职能包括决定组织要完成的任务是什么、谁去完成这些任务、这些任务怎么分类组合、谁向谁报告，以及各种决策应在哪一级上制定。

③每一个组织都是由人组成的，管理非常重要的任务之一是指导和协调各个组织成员。因此，领导的职能是指导所有参与者以及解决组织内的冲突。

④控制就是对企业各项活动进行监控以确保其按计划完成。为了保证事情按既定的计划进行，管理者必须监控组织的绩效，将实际的表现与预先设定的目标进行比较，一旦出现任何偏差，控制的任务就是使组织回到正确的轨道上去。

（4）管理命题的金字塔模型，如图 2-2 所示。

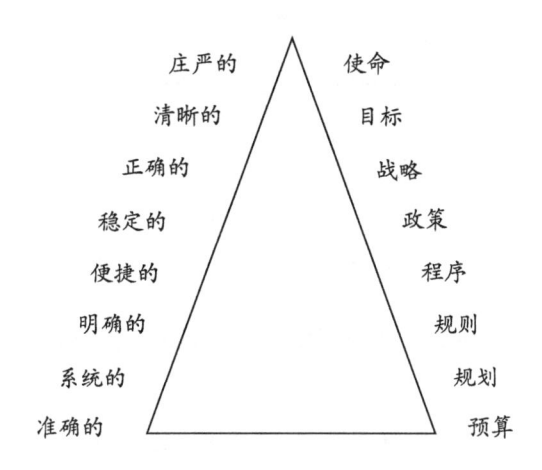

图 2-2　管理命题的金字塔模型

左侧（自上而下）：庄严的、清晰的、正确的、稳定的、便捷的、明确的、系统的、准确的

右侧（自上而下）：使命、目标、战略、政策、程序、规则、规划、预算

（5）组织愿景是使一个组织区别于其他类似组织的长期适用的对经营目标的陈述，也被称为目的、宗旨和使命。共同愿景能够在组织中鼓舞人心，产生凝聚作用，是企业得以长期发展的基本保障之一。

（6）团队精神即团队内部毫无保留的合作精神，把团队看作对个体能力发展的重要支持、是实现个体价值的必要平台，必须全身心培养团队荣誉感；建立团队精神的一个基本前提是"以德为先"，其中社会公德、职业道德、个人品德同等重要。

（7）团队合作与协调的前提是良好的沟通，良好的沟通的前提是具有共同语言，共同语言产生的前提是具有共同的理想、价值观和使命感。建立组织的庄严使命是合作与协调的重要保障。

（8）培养相互信任精神的五要素：正直、能力、一贯、开放、忠实，如图2-3所示。其中，正直是信任的前提；能力是信任的基础；一贯是信任的保障；忠实是信任的条件；开放是信任的力量。

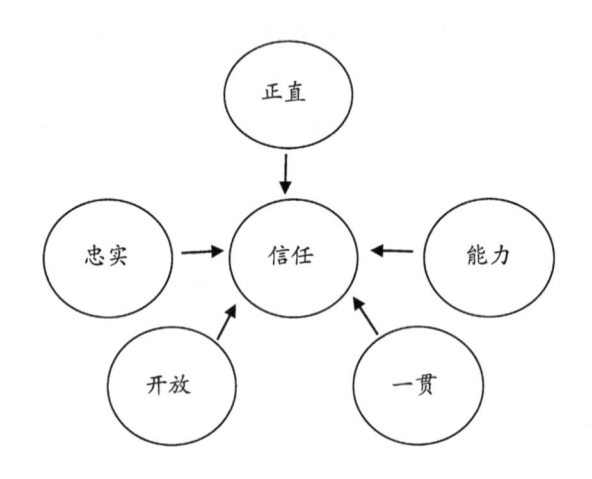

图2-3 培养相互信任精神的五要素模型

（9）决策是一项重要的管理活动，是指组织或个人为了实现某种目标而对未来一定时期内有关活动的方向、内容及方式的选择或调整的过程，实际上就是在诸多方案中进行选择。经营决策是企业经营成败的关键，事关企业的生存和发展。经营决策是企业各项管理职能顺利运作的前提，也是企业迎接未来挑战的根本手段。

按内容层次，决策可分为战略决策、管理决策和业务决策。

①战略决策：关系企业或组织未来发展方向与远景的全局性、长远性的施

政方针方面的决策。

②管理决策：是执行战略决策过程的具体决策，重点是解决如何组织动员内部资源的具体问题。

③业务决策：指日常业务活动中为提高工作效率与生产效率，合理组织业务活动进程所做出的决策。

按发生的频率，决策可分为程序化决策和非程序化决策。

①程序化决策：是为解决日常管理中经常出现的例行问题而做出的决策。对于同类问题，管理者不需要对该做什么做出新的判断，而只需要遵循原有的规则即可。

②非程序化决策：是为解决日常管理中不常重复出现的、非例行性的问题，它没有固定的模式，要靠管理者做出新的判断来解决

按参与的人数，决策可分为个体决策与群体决策。

①个体决策的优点：决策过程更加简洁迅速；可以根据个人的判断力、知识、经验和意志灵活变通；相对更易保密；个体决策由一个人承担，这使得其在执行过程中更具责任感。

②个体决策的缺点：可能会受到个体经验和认知的限制，缺乏创新性，并且容易在情况发生变化时固守过时的观点，错失成功的良机等。

③群体决策的优点：能够提供更完整的信息、产生更多的方案，提高了决策的可接受性和合法性；集中了多人的知识、经验、信息，因而往往有较高的正确性；能够提高群体成员的责任感，并便于贯彻执行。

④群体决策的缺点：可能会出现消耗时间、少数人统治、屈从压力、责任不清以及从众心理、权威心理等问题。

（10）科学决策的基本要素：决策者、决策集团的智力结构、决策者的思维方法。

①决策者可以是一个人，也可以是一个集体。它是进行科学决策的基本要素，也是诸要素中的核心要素和最积极、最能动的因素。它是决策成败的关键。

②决策集团的智力结构。智力结构是指为了发挥组织的特定功能而将具有不同智力的人有机组合起来所形成的结构。具有合理的智力结构的决策集团应

达到知识互补、能力迭加、性格包容、梯型年龄等条件。

③决策者的思维方法。思维是人的心理活动的核心，是人脑对客观现实的反映。对于成功的决策者来说，良好的思维应具有深刻性、敏捷性、灵活性和创造性的特征。

（11）科学决策的基本原则：信息准确全面原则、多方案对比择优原则、深度论证原则、系统平衡原则。

（12）科学决策的发展趋势：个体决策向群体决策发展；定性决策向定性与定量结合的决策发展；单目标决策向多目标综合决策发展；管理决策发展为为更远的未来服务的战略决策。

（13）预算：是量化表达的、涵盖一个特定时期的数字计划。企业可以通过预算分配财务、实物及人力等各种资源，实现既定的战略目标，同时可以通过预算来监控战略目标的实施进度，并预测企业的现金流量与利润。预算目标是企业战略发展目标在本预算期间的具体体现。战略目标作为一种目标导向，引导年度预算目标的确定；年度预算目标指标则应强调可操作性，必须能通过预算的编制体现出来。

（14）预算编制基本步骤：确定企业计划目标；制定销售预算；开始编制其他部分预算；各分部协商以达成最终计划；最终核定；分发核定的预算。

2. 实战演练

各个公司制定年度预算，以及公司的贷款、采购、生产、人事等工作计划。

五、展开市场竞争

公司之间展开市场竞争，制定营销策略，争抢订单。

1. 核心知识点学习

（1）目标市场模式选择。

公司在对不同细分市场进行评估后，必须对进入哪些市场做出决策。公司可考虑以下五种目标市场选择模式：密集单一市场、有选择的专业化、产品专业化、市场专业化、完全市场覆盖。

①密集单一市场：是指公司选择一个细分市场集中营销，比如特斯拉公司集中经营新能源汽车市场。密集单一市场的优点是公司通过密集营销，更加了解本细分市场的需要，并在市场上树立了特别的声誉，由此可以在该细分市场建立巩固的市场地位。密集单一市场的缺点是密集市场营销风险更大，个别细分市场可能出现不景气的情况，或者某个竞争者决定进入同一个细分市场。

②有选择的专业化：是指公司可选择若干个细分市场，其中每个细分市场在客观上都有吸引力，并且符合公司的目标和资源。这种多细分市场目标优于单细分市场目标，可以分散公司风险，即使某个细分市场失去吸引力，公司仍可在其他细分市场获取市场份额和利润。

③产品专业化：是指公司集中生产一种产品，并且向各类顾客销售这种产品。例如，显微镜生产商准备向不同的顾客（如大学实验室、政府实验室和企业实验室等）销售不同种类的显微镜，而不去生产实验室可能需要的其他仪器如示波器。公司通过这种战略，在某个产品方面树立起很高的声誉，但是如果公司产品被一种全新的产品代替，就会产生危机。

④市场专业化：是指专门为满足某个顾客群体的各种需要而提供多种服务。例如公司可为大学实验室提供一系列产品，包括显微镜、示波器、酒精灯、化学烧瓶等。公司专门为这个顾客群体服务，而获得良好的声誉，并成为这个顾客群体所需各种新产品的销售代理商。但如果大学实验室突然削减预算，公司就会产生危机。

⑤完全市场覆盖：是指公司想用各种产品满足各种顾客群体的需求。只有大公司才能采用完全市场覆盖战略，例如通用汽车公司（汽车市场）和可口可乐公司（饮料市场）。

（2）目标市场营销策略选择。

目标市场营销策略选择，一般包括无差异市场营销策略、差异性市场营销策略、集中性市场营销策略。

①无差异市场营销策略：是指企业将产品的整个市场视为一个目标市场，

用单一的营销策略开拓市场，即用一种产品和一套营销方案吸引尽可能多的购买者。可口可乐公司在建立公司初期，曾以单一口味的品种、统一的价格和瓶装、同一广告主题将产品面向所有顾客，所采用的就是这种策略。无差异营销的理论基础是成本的经济性：生产单一产品可以减少生产与储运成本；无差异的广告宣传和其他促销活动可以节省促销费用；不搞市场细分可以减少企业在市场调研、产品开发、制定各种营销组合方案等方面的营销投入。这种策略对于需求广泛、市场同质性高且能大量生产、大量运输、大量销售的产品比较合适。

②差异性市场营销策略：是指将整体市场划分为若干细分市场，针对每一细分市场制定一套独立的营销方案。例如，服装生产企业针对不同性别、不同年龄、不同收入水平的消费者推出不同品牌、不同价格的产品，并采用不同的广告主题来宣传这些产品。

③集中性市场营销策略：是指集中力量进入一个或少数几个细分市场，实行专业化生产和销售。实行这一策略的企业不是追求在一个大市场角逐，而是力求在一个或几个子市场占有较大份额。例如，生产空调机的企业不是生产各种型号和款式的空调机，而是专门生产安装在汽车内的空调机。

（3）竞争定位的类型。

①避强定位：这是一种有意避开强有力的竞争对手进行市场定位的模式。企业不与对手直接对抗，而是将自己定位于某个市场"空隙"，发展目前市场上没有的特色产品，开拓新的市场领域。避强定位的优点是能够迅速地在市场上站稳脚跟，并在消费者心中尽快树立起一定的形象。由于这种定位方式市场风险较小，成功率较高，常常为多数企业所采用。

②迎头定位：这是一种与在市场上居于支配地位的竞争对手"对着干"的定位方式，即企业选择与竞争对手重合的市场位置，争取同样的目标顾客，彼此在产品、价格、分销、促销等方面少有差别。在全球饮料市场上，作为后起之秀的百事可乐进入市场时，就采用过这种方式，"你是可乐，我也是可乐，看谁是最好的可乐"，从而与当时的霸主可口可乐展开面对面的较量。

③重新定位：通常是指对那些销路少、市场反应差的产品初次定位后再次定位。随着时间的推移，新的竞争者进入市场，选择与本企业相近的市场位置，

致使本企业原来的市场占有率下降,或者是由于顾客需求偏好发生转移,原来喜欢本企业产品的人转而喜欢其他企业的产品,因而市场对本企业产品的需求减少。另外一种情况是产品发现了新用途从而进行重新定位。

2. 实战演练

公司之间展开竞争并争抢订单。
（1）制定产品销售价格。
（2）决定是否做广告宣传。
（3）确定是否设立账期。
（4）争抢订单。

六、财务统计

各个公司统计经营成果,包括市场占有率、收入、利润等指标。
（1）统计公司产品市场占有率。
（2）统计营业收入、成本费用、投资收益、营业外收入、营业外支出等。
（3）计算利润、股东权益收益率、公司投资收益率等。

七、期末总结

每个公司总结当年经营状况的得与失,特别是研发、营销、生产、采购、财务等各个部门协作方面的表现,为下一年度的发展打好基础。

八、讲师点评

讲师紧紧围绕经营管理这一主题分享相关知识并把每家公司的经营状况一一进行分析,指出成绩,也指出不足,大家一起学习、一起进步。

1. 企业经营管理实务

（1）制定清晰的发展战略：由外而内制定战略，尊重顾客、商业伙伴及投资人的意见；紧随市场变化调整战略；与组织内部相关部门和外部相关人员及时沟通战略；持续扩大核心业务，谨慎进入不熟悉的领域。

（2）尽量简化组织结构：去除多余的组织层级和官僚化结构，对组织进行尽可能的简化；促进组织的整体协作和信息共享；让最优秀的一线人员参与决策。

（3）忠实地执行战略：持续提供符合顾客期望的产品和服务；抵挡短期利益的诱惑，平衡财务目标和战略目标；不断努力提高生产力，消除冗余和浪费。

（4）建立绩效文化：鼓励工作中的全身心投入；在对有成就的员工进行精神和物质奖励的基础上，持续提高绩效标准；创造充满挑战、令人满意的工作环境。

（5）培养并留住优秀人才：坚持优先内部提升制度；为员工提供一流的培训计划；安排最优秀的员工担任具有挑战性的工作；破格提拔有特殊才能的员工。

（6）高层专心经营活动：鼓励管理层参与经营决策；强化管理层及早发现机会和问题的能力；公司核心决策成员的报酬与公司绩效密切相关。

（7）谋求突破性创新：引进颠覆性技术和经营模式；运用各种技术设计新产品；淘汰边缘产品时绝不犹豫。

（8）通过兼并和合作成长：收购重视客户关系的新公司；收购优势互补的新企业；与商业伙伴合作进入能发挥双方专长的新领域。

2. 经营管理者心态

企业经营要抱着战战兢兢、如履薄冰的心态，要有敬畏之心，才能步步为营，扎扎实实地向前发展。

第三节　企业经营管理沙盘模拟实战试题

一、判断题

（1）企业经营要抱着战战兢兢、如履薄冰的心态。

　　□对　　□错

（2）资源配置是经营管理中非常重要的管理内容，合理的资源配置要求达成均衡配置。

　　□对　　□错

（3）所谓差异化战略，是指为使企业产品与竞争对手产品有明显的区别，形成与众不同的特点而采取的一种战略。

　　□对　　□错

（4）抓住企业系统的关键要素，根据市场变化及环境变化调整不同要素间的关系，使之协调与契合，以增强企业核心竞争力，确保企业成功经营，这只是总经理的工作。

　　□对　　□错

（5）企业通过有效途径降低成本，使企业的全部成本低于竞争对手的成本，甚至成为同行业中最低的成本，从而取得竞争优势的一种战略是低成本战略。

　　□对　　□错

（6）群体决策的优点是能够提供更完整的信息、产生更高的效率，提高了决策的可接受性和合法性；集中了多人的知识、经验、信息，因而往往有较高的正确性；能够提高群体成员的责任感，并便于贯彻执行。

　　□对　　□错

（7）企业战略是企业为了获得持续竞争优势，谋求长期的生存和发展，在对环境与资源分析的基础上，对企业的主要发展方向、目标以及实现的途径、手段等展开的一系列全局性、根本性和长远性的谋划。

□对　　□错

（8）公司目标体系是由财务目标体系和战略目标体系构成的。

□对　　□错

（9）经营环境中的行业结构因素取决于5种基本力量，其中包括潜在进入者的威胁、行业内现有企业的竞争、买方的讨价还价能力、替代品的威胁、卖方的讨价还价能力。

□对　　□错

（10）企业是采取多元化还是专业化发展战略属于战术决策。

□对　　□错

二、思考题

（1）企业经营管理当中，预算是非常重要的管理控制手段，通常而言，哪个部门会首先完成预算？

（2）对公司战略的判断不能仅仅依靠管理者个人的直觉和经验，而是要对环境进行分析，一般而言，环境分析可以从哪几个方面展开？

（答案见附录六）

第三章

企业非财务经理的财务管理沙盘模拟实战

【资金与预算】
无血人身弱,缺资企业难。
时时多计划,岁岁不平凡。

第三章
企业非财务经理的财务管理沙盘模拟实战

第一节　企业非财务经理的财务管理沙盘模拟实战说明

非财务经理的财务管理沙盘模拟实战旨在对照各项模拟经营活动，阐释晦涩难懂的财务术语，解读纷繁复杂的财务报表，直观演绎企业资源的筹集、分配、转化过程，探索企业价值产生的根源，尝试进行全面成本管理和控制，强化现金流安全意识，提高资金运作效率，掌握企业财务语言，学习运用财务视角诊断企业存在的问题，并利用财务手段改进企业盈利水平。

一、培训的意义

通过 2~3 天的学习，学员将得到以下收获。
（1）读懂财务报表。
（2）学会财务分析。
（3）理解全面预算。
（4）重视现金管理。
（5）强化成本意识。
（6）提升盈利能力。
（7）掌握诊断技术。
（8）改进企业效率。

二、培训课程大纲

培训对象：企业中高层经理

培训规模：20～40人

授课时间：2～3天（12～18学时）

1. 财务会计基本知识

（1）对照模拟经营活动，形象阐释专业财务术语。

（2）围绕模拟经营中的各项财务要素，学习会计语言规则。

（3）通过盘点模拟经营结果，初识财务报告的真面目。

2. 预算管理基本知识

（1）通过案例点评和分析，使学员深刻认识全面预算管理对于企业经营目标达成的重要意义。

（2）用"动手"带动"动脑"，通过制定模拟经营预算，掌握预算的程序和原则。

（3）了解资本支出预算，学习平衡短期盈利目标和长期发展目标。

（4）通过模拟现金预算，认识现金流对于企业生存目标达成的重要性。

（5）学习均衡性资源配置，协调融资、投资、运营能力的系统匹配。

（6）通过分析粗放式管理、盲目扩张、现金流意识薄弱导致公司破产的案例，认清精确预算对企业长期稳定发展的重要性。

（7）在模拟实战中认识零基预算、增减预算、固定预算与弹性预算。

（8）剖析预算失控案例，分析预算跟踪与控制的重要意义。

3. 成本管理与控制

（1）通过模拟实战，了解成本的构成以及成本控制的基本方法。

（2）通过现场案例，剖析成本和业务量之间的关系，理解规模经济。

（3）掌握成本性态，认识固定成本、变动成本与混合成本。

（4）运用本–量–利分析手段与可行性研究方法，指导投资项目评估与选择。

（5）分析模拟经营中的战略成本，掌握战略成本管理的概念与方法。

（6）成本控制的深层次解读——成本效益分析。

4. 解读资产负债表

（1）通过亲手制作资产负债表，了解资产负债表的结构、内容、含义以及资产、负债、所有者权益的关系。

（2）解读模拟资产负债表，学习通过资产负债表判断企业的财务状况。

（3）以资产负债表为依据学习进行资产评估和资产结构优化。

5. 解读损益表

（1）通过填报模拟企业期末损益表，学习利润计算的方法和步骤。

（2）通过研究损益表，认识各项收入、成本与费用构成。

（3）联系每个模拟公司的经营结果，揭示企业利润的来源。

（4）与行业平均水平相比，分析成本费用占比与其合理性。

6. 解读现金流量表

（1）分析模拟经营中的现金运用，理解现金的重要性。

（2）制作现金流量表，熟悉现金流量表的结构，学习现金链的维护与管理。

（3）通过对资金成本的分析，认识存货、应收账款对利润的影响。

（4）分析不良应收账款形成的原因和应收账款的管理措施。

（5）合理运用信用管理。

7. 运用财务分析，诊断管理问题，改进经营绩效

（1）企业偿债能力分析——企业安全的指示灯：流动比例、速动比例、资产负债率、产权比率。

（2）企业运营能力分析——资源使用的效率和效益：应收账款周转率、存货周转率、总资产周转率。

（3）企业盈利能力分析——主营业务的盈利水平：毛利率、净利率、资产净利率、权益净利率。

（4）企业发展能力分析——把握未来市场机会：销售增长率、资产增长率、资本积累率、股利增长率。

（5）企业综合能力分析——全视角解读企业经营管理，以鲜活的模拟公司财务报表为样本，进行反复研究和深入分析。

8.企业财务风险管理

（1）对破产企业融资失败案例进行分析，客观认识企业的筹资风险。

（2）针对模拟公司出现的重大投资失误，了解如何进行投资风险防范与控制。

（3）解析"扩张失控"案例，学习面对现金约束下的合理扩张策略。

（4）通过对不同公司成长性的分析，寻求发展速度与质量的平衡。

（5）盘点模拟公司发展中遭遇的"合作陷阱"，学习外部风险规避策略。

（6）分析模拟企业资产状况，规避资产结构不合理形成的流动性风险。

第二节 企业非财务经理的财务管理沙盘模拟实战流程及核心知识点

企业非财务经理的财务管理沙盘模拟实战流程，如图3-1所示。

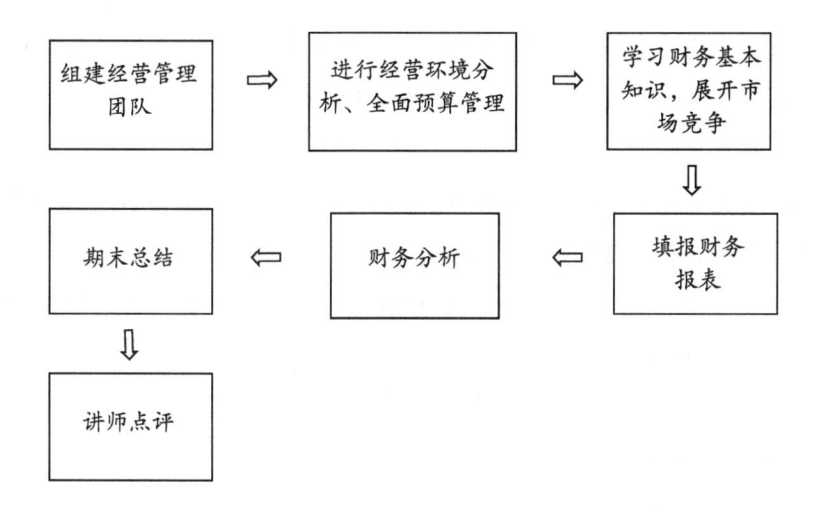

```
┌──────────┐    ┌──────────────┐    ┌──────────────┐
│ 组建经营  │ ⇒  │ 进行经营环境分│ ⇒  │学习财务基本  │
│ 管理团队  │    │ 析、全面预算  │    │知识，展开市  │
│          │    │ 管理          │    │场竞争        │
└──────────┘    └──────────────┘    └──────────────┘
                                            ⇓
┌──────────┐    ┌──────────┐        ┌──────────────┐
│ 期末总结 │ ⇐  │ 财务分析 │  ⇐    │ 填报财务     │
│          │    │          │        │ 报表         │
└──────────┘    └──────────┘        └──────────────┘
     ⇓
┌──────────┐
│ 讲师点评 │
└──────────┘
```

图 3-1 企业非财务经理的财务管理沙盘模拟实战流程

一、组建经营管理团队

在这一步，将成立由总经理以及财务部经理、销售部经理等各部门负责人组成的经营管理团队，大家群策群力、团结一致实现组织的目标。

二、进行经营环境分析、全面预算管理

1. 核心知识点学习

（1）企业战略。

（2）战略的三个层次。

（3）战略管理。

（4）战略管理的适时性。

（5）战略环境分析。

以上内容在第一章都有讲到，此处不再赘述。

（6）什么是预算

预算是量化表达的、涵盖一个特定时期的数字计划。企业预算是一种涵盖

未来一定期间内所有运营活动过程的计划，它是企业最高管理层为整个企业及其各部门所预先设定的目标、策略及方案的正式表达。

（7）预算管理。

如何使组织有效地运营是管理者面临的主要任务。随着环境日趋复杂多变，规模不断膨胀，组织越来越难于控制。管理者试图利用各种有效的方法与技术对企业进行规划、管理和控制，以实现组织既定的目标。预算便是企业进行规划与控制的一种有效的管理工具与技术。

（8）预算的作用。

①规划未来，降低风险。

②有效进行资源配置。

③为控制日常行动设立基准。

④有利于组织沟通协调。

⑤培养管理者的运筹能力。

（9）预算编制基本步骤。

①确定计划方针，如公司预计的经济情况、经营规模及预期盈利水平等。

②制定销售预算。

③开始编制其他部分预算。

④公司就每一部分内容进行协商，以达成最终计划。

⑤最终核定。

⑥分发核定的预算。

（10）预算编制的方法和类型。

①预算编制的方法：零基预算、增减预算。

②预算编制的类型：年度/跨年度预算、项目预算。

（11）全面预算体系。

由营销部门的销售预算开始，直到最后公司各部门达成一致，具体如图3-2所示。

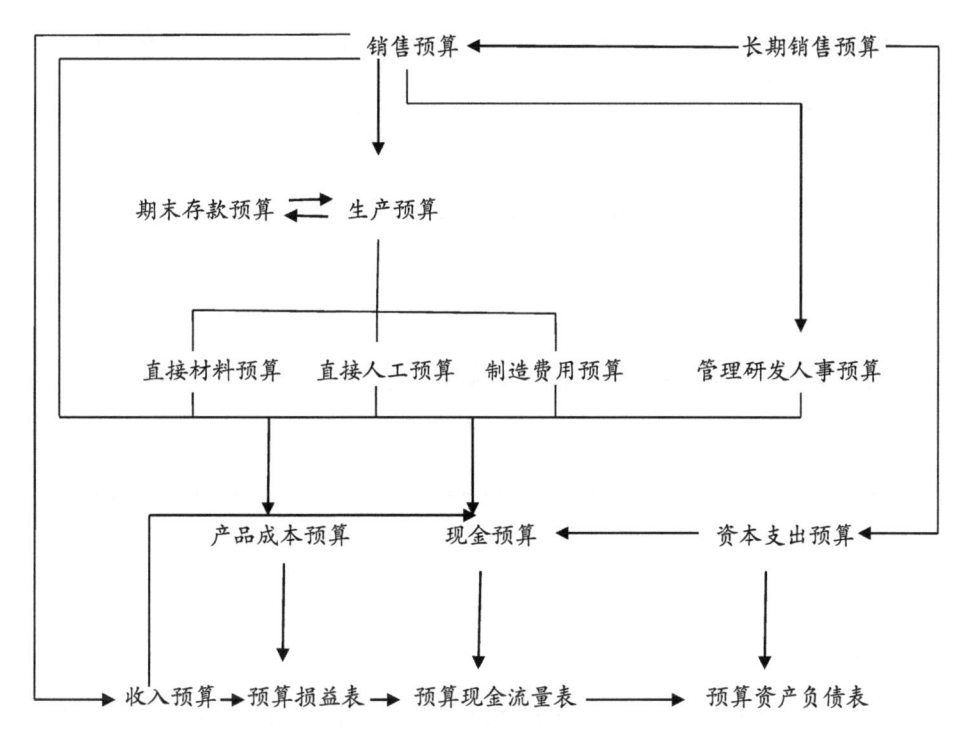

图 3-2　全面预算体系

（12）预算编制程序。

任何企业编制预算都有一套完整的规则和流程，包括从哪个部门开始，到哪个部门完成，以及需要修订的环节、批准手续、完成的标准等，如图 3-3 所示。

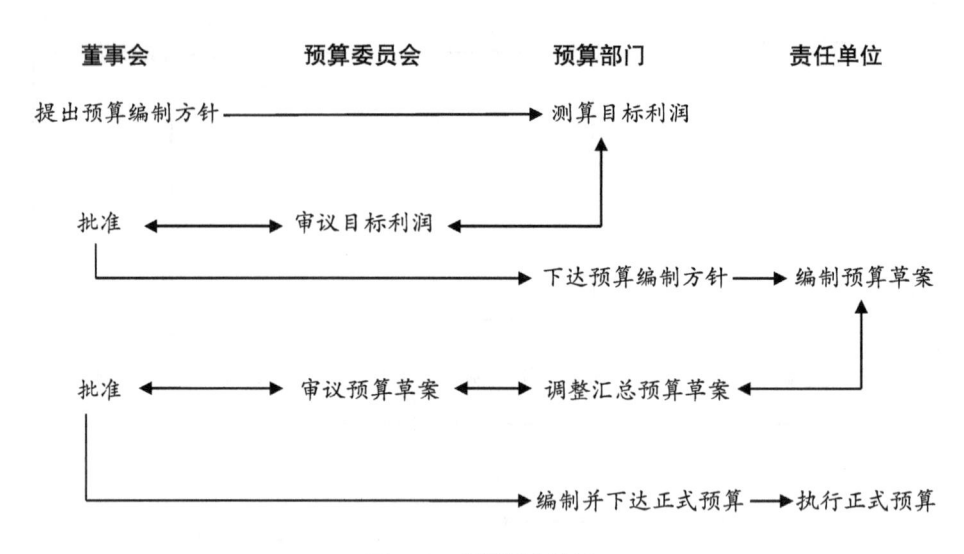

```
董事会            预算委员会         预算部门          责任单位

提出预算编制方针 ─────────────→ 测算目标利润

    批准 ←───── 审议目标利润 ←─────┘

                         └─→ 下达预算编制方针 ─→ 编制预算草案

    批准 ←───── 审议预算草案 ←─── 调整汇总预算草案 ←─┘

                         └─→ 编制并下达正式预算 ─→ 执行正式预算
```

图 3-3　预算编制程序

（13）谈判。

公司预算过程中一个很重要的阶段是责任单位的经理与上级之间的谈判。谈判主要适用于收入及任意性成本项目。公司允许下层管理者参与预算制定的同时，也为他们提供了谈判的机会以争取合理的预算。

（14）承诺。

谈判的结果是上下级达成的共同承诺。

（15）批准预算。

公司批准预算，正式执行。

（16）调整行动。

公司根据预算实际执行情况以及内外环境的变化及时进行调整，如图 3-4 所示。

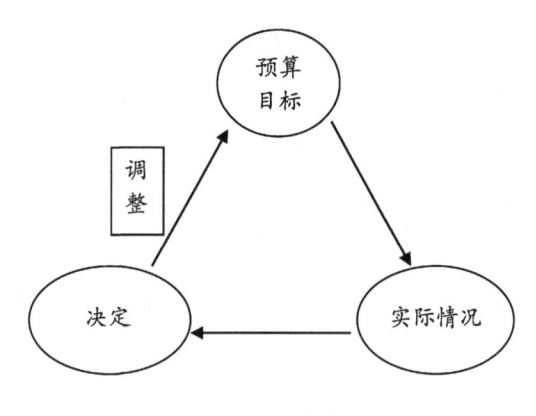

图 3-4　预算调整

2. 实战演练

了解模拟行业信息，制定公司年度预算，分配资源。

三、学习财务基本知识，展开市场竞争

1. 核心知识点学习

（1）财务管理的内容。

财务管理的内容包括资金筹措、资金投资、资金使用、资金成果的分配等。

（2）财务管理的目标。

财务管理的目标即通过合理、有效的财务管理，使企业以尽可能少的资金占用，取得尽可能大的生产经营成果。

（3）会计语言的六大要素。

即资产、负债、所有者权益、收入、费用、利润。

（4）会计要素确认和计量的几个原则。

①权责发生制原则。该原则要求收入和费用在实际发生时进行确认，而不是以现金收付为依据；本期的收入，不管是否拿到资金，都应计入本期；本期应负担的费用，不管资金有没有付出，也都应计入本期。

②划分费用性支出与资本性支出。所谓费用性支出，是指该项支出的发生

是为了取得本期收益，即仅仅与本期收益的取得有关；所谓资本性支出，是指该支出的发生不仅与本期收入的取得有关，而且与其他会计期间的收入相关。资本性支出计作资产，费用性支出计为费用。

③配比原则。配比原则是指收入与其相应成本、费用应当相互配合。一是因果配比，如产品销售收入与生产和销售产品的成本、费用之间的配比；二是时间配比，如一个会计期间内发生的各项期间费用应该从该期间的收入中直接进行扣除以计算利润。

（5）企业目标对财务管理的要求。

企业目标对财务管理的要求，如表3-1所示。

表3-1　企业目标对财务管理的要求

企业目标	对财务管理的要求
生存	以收抵支、到期偿债
发展	筹集企业发展所需的资金
获利	合理、有效使用资金

（6）成本的一般定义。

成本是指对为了实现一定目的所消耗资源的货币计量。

（7）变动成本。

变动成本是指成本总额与业务量成正比例增减变动的那部分成本，如表3-2所示。

表3-2　变动成本表

原材料数量（件）	每件原材料的成本（元）	变动成本总额（元）
1	100	100
2	100	200
10	100	1000

（8）固定成本。

固定成本是指成本总额在一定时期和一定业务范围内不受业务量增减变动的影响，保持固定不变的那部分成本，如表3-3所示。

表3-3　固定成本表

产品数量（件）	每件产品的房屋成本（元）	固定成本总额（元）
1	10000	10000
2	5000	10000
10	1000	10000

（9）半变动成本（混合成本）。

半变动成本（混合成本）是指成本总额随业务量的增减呈同方向变动，但并不与其成正比例关系的成本。

（10）总成本—业务量关系图。

一般而言，随着业务量的增加，总成本必然增加。不过，虽然变动成本总额与业务量成正比例增减，但在一定时期和一定业务范围内固定成本不受业务量增减变动的影响而保持固定不变，这就使得总成本的增幅低于业务量的增幅。一般表示为公式 $Y = F + VX$，其中 Y 是总成本、F 是固定成本、V 是单位变动成本、X 是业务量，其具体关系如图3-5所示。

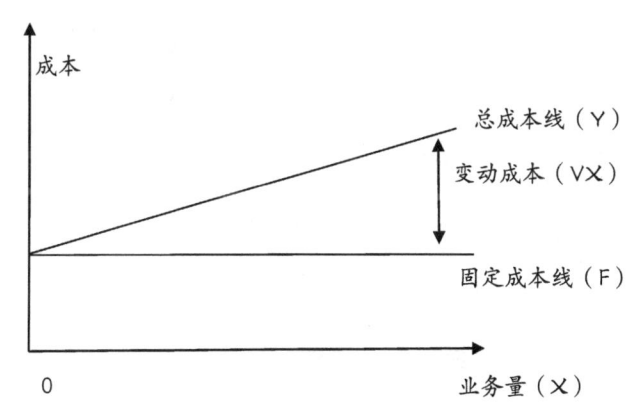

图3-5　总成本—业务量关系图

①总成本—业务量关系中的现象：高业务量高成本。

②总成本—业务量关系中的特点：成本的增幅低于业务量的增幅。

③原因：总成本＝固定成本＋变动成本。

（11）本－量－利分析。

本－量－利分析是在假定产销量一致的情况下，根据成本、业务量、利润三者之间的关系进行预测和决策的一种技术方法。

①计算项目保本点；计算销售收入总额与销售成本总额处于同一点上的业务量水平（实物或额）；计算目标利润。计算利润的公式为：利润＝PX －（F ＋ VX）。其中 P 表示单价、V 表示单位变动成本、F 表示固定成本、X 表示业务量，PX 即为营业收入，VX 即为变动成本。

②如何提高利润率：本－量－利关系图（见图 3-6）揭示出一个企业的基本盈利特征，管理者更应该注重的是固定成本总额和贡献毛利而不是单位利润（因为业务量不同，单位利润也不同）。

③提高某种产品利润的基本方法：提高产品单价（P）；降低单位变动成本（V）；降低固定成本（F）；增加业务量（X）。

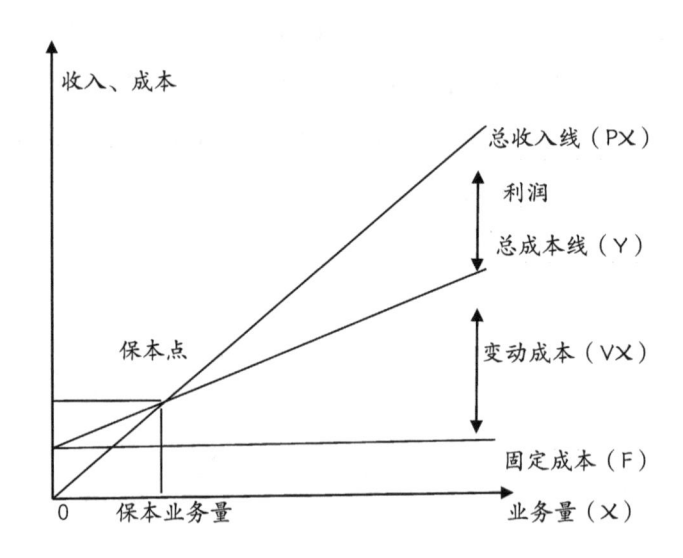

图 3-6　本－量－利关系图

（12）影响产品定价的因素。

包括产品定位、产品直接成本、竞争对手的价格、供需关系、消费者心目中的价格带、价格弹性等。

（13）几种基本价格策略。

①撇脂定价法是指在产品生命周期的最初阶段把产品价格定得很高，以求最大利润，尽快收回投资。这是对市场的一种榨取，就像从牛奶中撇取奶油一样。这种定价方式只在一定条件下有意义：首先，产品的质量和形象必须与产品价格一致，有相当多的顾客接受这种价格下的产品；其次，生产较少量的产品的成本不能太高，否则会抵消高定价所带来的好处；最后，竞争者没有可能很容易地进入市场，以同样价格展开竞争。

②渗透定价法是一种在产品进入市场初期时将其价格定在较低水平，以尽可能吸引最多的消费者的营销策略。采取这种定价方式，其价格的高低与产品周期相关，它是以一个较低的产品价格打入市场，目的是在短期内加速市场成长，牺牲高毛利以期获得较高的销售量及市场占有率，进而产生显著的规模经济效益，使成本和价格得以不断降低。渗透价格并不意味着绝对的便宜，而是相对于其价值来讲比较低。

③市场导向定价法是一种根据消费者对产品价值的认知和需求的强度，即消费者的价值观来决定价格的方法。

④竞争定价法是指参考市场上竞争对手的价格，从而制定合适的售价。

⑤成本加成定价法是一种在本公司产品的总成本之上增加一定的利润空间的定价方法。

2. 实战演练

营销部门根据公司规划，采取具体的营销手段比如价格战、广告战等方式争夺订单。

①制定产品销售价格。

②决定是否做广告宣传。

③确定是否设立账期。

④争抢订单。

四、填报财务报表

1. 核心知识点学习

本节主要学习财务三大报表,即资产负债表、损益表和现金流量表。企业三大活动(融资、经营、投资)与三大报表之间的关系,如图3-7所示。

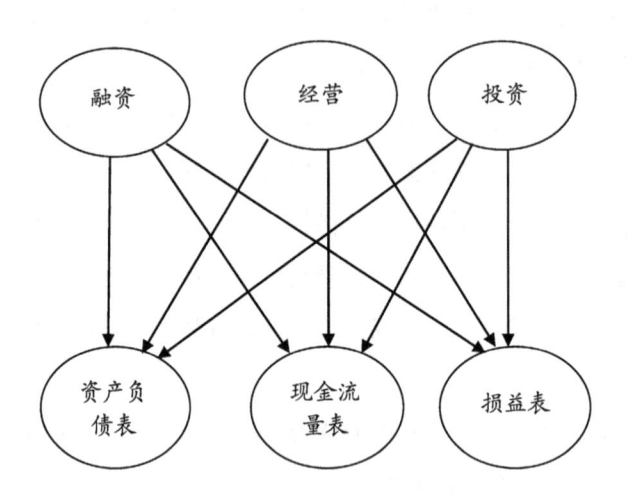

图3-7 企业三大活动与三大报表之间的关系图

(1)资产负债表。

①资产负债表的含义:资产负债表是反映企业某一特定日期财务状况的会计报表,它反映的是某一会计期间经营活动静止后企业拥有和控制的资产、需偿付的债务及所有者权益的金额,所以是一张静态报表,如表3-4所示。

表3-4 资产负债表

编制单位： 年 月 日			单位：万元	
资产	初数	末数	负债和所有者权益	初数	末数
流动资产：			流动负债：		
货币资金			短期借款		
交易性金融资产			应付票据		
应收票据			应付账款		
应收账款			预收账款		
存货			应交税金		
预付账款			预提费用		
待摊费用			非流动负债：		
非流动资产：			长期借款		
持有至到期投资			长期应付款		
长期股权投资			应付债券		
固定资产原值			所有者权益：		
减：累计折旧			实收资本		
固定资产净值			资本公积		
无形资产			盈余公积		
商誉			未分配利润		
资产合计：			负债和权益合计：		

注：

流动资产是指现金及预期能在一年或者超过一年的一个经营周期内变现或者运用的资产，包括货币资金、交易性金融资产、应收票据、应收账款、存货、预付账款、待摊费用等。

货币资金：企业的生产经营资金在循环周转过程中，停留在货币形态随时可用于支付的资金。

交易性金融资产：为交易目的所持有的债券投资、股票投资、基金投资等。

应收票据：由付款人或收款人签发，由付款人承兑，到期无条件付款的一种书面凭证。

应收账款：客户欠主体企业的款项。

存货：在生产经营过程中，为销售或耗用而储备的各种资产。

预付账款：企业按照购货合同规定预付给供应单位的款项。

待摊费用：各种已经支付而将在一年或一个经营周期内摊销的各种费用，如预付保险费、预付租金、预付水电费等。

非流动资产是指资产转化为现金的时间在一年或一个经营周期以上的资产，也称长期资产，包括持有至到期投资、长期股权投资、固定资产、无形资产、商誉等。

持有至到期投资：到期日固定、回收金额固定或可确定，且企业有明确意图和能力持有至到期的金融资产。通常情况下，企业持有的在活跃市场上有公开报价的国债、企业债券、金融债券等都属于持有至到期投资。

长期股权投资：企业对其他单位的股权投资，通常为长期持有。

固定资产：为生产商品、提供劳务、出租或经营管理而持有的使用期限在一年以上，并在使用过程保持原来物质形态的资产，包括房屋及建筑物、机器设备、运输设备、工具、器具等。

无形资产：企业为生产商品、提供劳务或出租给他人，或为管理目的而持有的、没有实物形态的非货币性长期资产，如专利权、商标权、著作权、非专利技术等。

商誉：一种企业所独有的可带来未来超额经济收益的经济资源。商誉是企业中的各种因素综合起来所形成的，能够获得高于同行业其他企业获利水平的超额盈利能力，以及该企业在社会公众和同行中所享有的美誉度和良好的形象。商誉常常在企业并购时产生。

流动负债是指在一个正常经营周期或一年内将要偿还的债务，主要包括短期借款、应付账款、预提费用等。

短期借款：企业借入的期限在一年以内或者一个营业周期以内的借款。

应付账款：供应商向主体提供了产品或服务但未获支付而取得的索取权。

预提费用：企业预提但尚未实际支付的各项应付未付的费用。

非流动负债是指偿还期限在一年或一个营业周期以上的负债，包括长期借款、长期应付款和应付债券等。除了具有负债的共同特点之外，非流动负债与流动负债相比，具有偿还期限较长、可以分期偿还、债务金额较大等特点。

所有者权益是指企业投资人对企业净资产的所有权，是企业全部资产减去全部负债后的余额。所有者权益表明了企业的产权关系，即企业是归谁所有。所有者权益包括实收资本、资本公积、盈余公积和未分配利润等。

实收资本：企业实际收到的以投资者投入作为资本金的资金。任何人开办企业，都必须依法筹集最低限度的资本金即注册资本。由于资本金往往允许分次缴付，因此设置"实收资本"科目，来反映实际收入的资本金。投资者在缴清资本金后，企业的实收资本应与注册资本相一致。

资本公积：由股东投入，但不能构成"股本"或"实收资本"的投资。

盈余公积：从净利润中提取的、具有特定用途的资金。

未分配利润：公司净利润分配后的剩余部分。

②资产负债表的五个作用：反映企业在特定时点拥有的资产及其分布状况的信息；表明企业在特定时点所承担的债务、偿还时间及偿还对象；反映在特定时点投资人所拥有的净资产及其形成的原因；有助于分析了解企业的财务实力和资本结构；反映企业财务发展状况的趋势。

③阅读资产负债表三步法：总额观察把握财务变化的方向；具体项目浏览寻找变动原因；借助相关的财务比率透视财务状况。

④关注资产的质量：应收账款收回的比例；存货的质量；长期股权投资；无形资产等。

⑤资产负债表外的经济资源：并非企业所有的资源都能够反映在资产负债

表上,一个企业优秀的管理队伍、卓越的管理水平、优秀的企业文化、融洽的工作氛围以及合理的规章制度等也是企业很有价值的资源,而这些资源不可能反映到资产负债表中。

(2)损益表。

①损益表的含义:损益表是反映企业一定时期(月度、季度、年度)内的经营成果以及分配的报表,主要反映当期的营业收入、当期的费用、当期的利润和当期的每股收益(见表3-5)。损益表的基本结构有两种:一种为单步式(我国目前没有采用);另一种为多步式,第一步是计算毛利,第二步是计算营业利润,第三步是计算利润总额,第四步是计算净利润,第五步是计算每股收益。

表 3-5 损益表

编制单位: 年 月 日		单位:万元
项目	本年金额	上年金额
一、营业收入		
减:营业成本		
税金及附加		
二、营业毛利		
减:销售费用		
管理费用		
财务费用		
资产减值损失		
加:公允价值变动净收益		
投资净收益		
三、营业利润		
加:营业外收入		
减:营业外支出		
四、利润总额		
减:所得税费用		
五、净利润		
六、每股收益		

注:

营业收入是指企业在销售商品、提供劳务及让渡资产使用权等经营活动中所产生的收入。

营业成本：各项经营活动产生的实际成本。

税金及附加：相关税金以及附加费。

营业毛利是指企业日常经营活动所取得的毛利润，由营业收入扣减营业成本和相关税金及附加后形成。

销售费用：企业在销售商品过程中发生的费用，包括企业销售商品过程中发生的运输费、装卸费、包装费、保险费、展览费和广告费等。

管理费用：企业为组织和管理企业生产经营活动而发生的管理费用。

财务费用：企业筹集生产经营所需资金而发生的费用。

资产减值损失：因资产的可回收金额低于其账面价值而造成的损失。新会计准则规定资产减值范围主要是固定资产、无形资产以及除特别规定外的其他资产减值的处理。

公允价值变动净收益：以公允价值计量且其变动计入当期损益的交易性金融资产的一个科目。在资产负债表日，交易性金融资产的公允价值高于其账面价值的差额。

投资净收益：投资收益扣除投资损失后的数额。其中，投资收益包括对外投资分得的利润、取得的股利、债券利息、投资到期收回或者中途转让取得款项高于账面净值的差额；投资损失包括投资到期收回或者中途转让取得款项低于账面净值的差额。

营业利润是指企业在一定期间内从事生产经营活动所获得的利润，由营业毛利、销售费用、管理费用、财务费用、其他利润等构成。其计算公式为：营业利润=营业毛利－销售费用－管理费用－财务费用＋其他利润。

其他影响利润的项目，还有营业外收入和营业外支出，即企业发生的与其生产经营活动无直接关系的各项收入和各项支出。

营业外收入：罚款收入、因债权人原因确实无法支付的应付款项等。

营业外支出：被没收的财物损失、公益救济性捐赠、赔偿金、违约金等。

利润总额是指企业一定期间实现的全部利润，也称税前利润，由营业利润、营业外收支构成。其计算公式为：利润总额=营业利润+营业外收入－营业外支出。

净利润又称税后利润，即利润总额减去所得税后的净额。它是企业所有者权益的组成部分，也是企业进行利润分配的依据。其计算公式为：净利润=利润总额－所得税额。

每股收益又称每股税后利润、每股盈余，即税后利润与股本总数的比率，是综合反映公司获利能力的重要指标。

②损益表的作用：反映收入、费用和利润的组成情况；评价盈利能力和经营管理业绩；检查考核利润计划的完成情况；评价分析投资报酬水平；预测未来一定时期的盈利趋势。

③阅读损益表三层法。

第一层是检查经营结果：把握结果——赚了多少钱；细分观察——在哪里赚的钱，是来自日常经营还是偶然所得；项目对比——与上期相比是否满意，与预算相比是否满意，与同业相比是否满意。

第二层是借助财务比率：利润率——和收入比；报酬率——和投入比。

第三层是关注人为因素影响：成本的结转方法；折旧的计算方法；资产减值准备的计提；费用的摊销。

（3）现金流量表。

①现金流量表的含义：现金流量表是反映一家公司在一定时期现金流入和现金流出动态状况的报表，其组成内容与资产负债表和损益表相一致，如表3-6所示。由于现金流量表中的各个项目都比较容易理解，因此在表后省去注解。

表3-6　现金流量表

编制单位： 年 月 日	单位：万元
项目	金额
一、经营活动的现金流量	
加：销售商品、提供劳务所得的现金	
减：购买商品、接受劳务支付的现金	
经营活动产生的现金流量净额	
二、投资活动的现金流量	
加：投资收益所得的现金	
加：处置固定资产、无形资产所得现金净额	
减：购建固定资产、无形资产所支付的现金	
减：投资支付的现金	
投资活动产生的现金流量净额	
三、筹资活动的现金流量	
加：吸收投资所得的现金	
加：借款所得的现金	
减：偿债支付的现金	
减：支付利息、股息的现金	
筹资活动所产生的现金净额	
四、当期企业现金净流量	
资产合计：	

②现金流量表的作用：说明企业现金流入流出的原因；规划和预测未来产生现金的能力；分析财务状况和经营成果的可靠性；分析和判断企业的偿债能力。

③企业各发展阶段的现金流量特点，如表3-7所示。

表3-7 企业各发展阶段的现金流量表

现金流量来源	初创期	成长期	成熟期	衰退期
经营活动	−3	7	15	6
投资活动	−15	−12	−8	2
筹资活动	18	5	−7	−8
净现金流量	0	0	0	0

2. 实战演练

（1）统计营业收入、成本费用、投资收益、营业外收入、营业外支出等。

（2）计算利润。

（3）自己动手填写三大报表。

五、财务分析

1. 核心知识点学习

（1）财务分析的意义。

财务分析是以企业财务报告为主要依据，运用专门的方法，系统分析和评价企业的财务状况、经营成果和现金流量状况的过程。财务分析既是对已完成的财务活动的总结，又是财务预测的前提。企业通过开展财务分析，可以分析过去、评价现在、预测未来，为经营管理者的预测和决策提供重要的依据。

（2）财务分析的主体。

财务分析的主体是企业投资者、企业债权人和企业经营者。

(3）财务分析的基本方法。

①比较分析法：通过比较不同数据从而发现规律性的内容或找出差别，包括实际与预算对比、纵向对比（与本企业历史对比）、横向对比（与同类企业对比）。

②比率分析法：利用会计报表中两项相关数值的比率来揭示企业财务状况和经营成果。

（4）财务分析的内容。

①盈利能力。盈利能力是企业赚取利润的能力。一般来说，企业的盈利能力只涉及正常的营业状况，非正常的营业状况也会给企业带来收益或损失，但只是特殊情况下的个别结果，不能说明企业的盈利能力。在分析企业盈利能力时，应当排除这种非正常的营业状况如证券买卖、外汇买卖等项目带来的影响。主要盈利能力指标，如表3-8所示。

表3-8 主要盈利能力指标

指标	计算方法	影响因素
毛利率	销售毛利/营业收入×100%	行业利润、商品价值、生产成本、竞争能力、定价策略和销售结构
销售净利率	销售净利/营业收入×100%	销售费用、管理费用、财务费用以及税负水平等
资产净利率	净利润/平均总资产×100%	销售利润率和资产周转率
权益净利率	利润/股东权益×100%	销售利润率、资产周转率和负债率

②营运能力。营运能力是指企业基于外部市场环境的约束，通过内部资源配置组合而对财务目标所产生作用的大小。如果企业营运能力低，则表明资金积压严重，资产未能发挥应有的效能，从而降低企业的偿债能力和盈利能力。主要营运能力指标，如表3-9所示。

表 3-9　主要营运能力指标

指标	计算方法	影响因素
应收账款周转率	周转次数＝赊销收入／应收账款平均余额 周转天数＝360天／周转次数	行业特点、市场环境、营销策略、客户质量、信用管理水平等
存货周转率	周转次数＝销售成本／存货平均余额 周转天数＝360天／周转次数	行业特点、市场需求、竞争情况、商品状况、存货管理等
总资产周转率	周转次数＝销售收入／总资产平均余额 周转天数＝360天／周转次数	行业特点、资产结构、流动资金周转率、长期资产利用率等

③偿债能力是指企业偿还到期债务（包括本金和利息）的能力，包括短期偿债能力和长期偿债能力。短期偿债能力是指企业流动资产对流动负债及时足额偿还的保证程度，是衡量企业流动资产变现能力的指标；长期偿债能力是指企业偿还到期长期债务的能力。主要偿债能力指标，如表3-10所示。

表 3-10　主要偿债能力指标

指标	计算公式	含义及标准
流动比率	流动资产／流动负债	短期偿债能力，一般标准为2
速动比率	速动资产／流动负债	短期偿债能力，一般标准为1
资产负债率	负债总额／资产总额	长期偿债能力，一般标准为0.5

有时候，在财务报表里没有的一些因素，也会影响到企业的短期偿债能力，如以下增加变现能力的因素：可动用的银行贷款指标、准备很快变现的长期资产、偿债能力的声誉等。

（5）信用管理的关键成功因素。

①组织方面：选定最终决策人（如总经理）；培养信用管理人员；提升财务和营销部门的沟通协调能力。

②系统方面：ERP（Enterprise Resource Planning，即企业资源计划）系统能够支持财务和营销部门对于信用管理的信息要求，支持多角度的分类、检索和分析。

③流程方面：强调收款责任问题，处理好信用管理系统中服务和控制的关系，制定应对危机状况的内部处理机制。

④方法方面：制定标准化的信用评估和信用风险分析方法、符合公司特征的信用调查方法和调查要素，把信用规范为行动准则。

2. 实战演练

计算本公司的股东权益收益率、流动比率、利润增长率、应收账款周转率等。

六、期末总结

每个公司总结当年经营过程、分析财务状况，为下一年度的发展打好基础。

七、讲师点评

讲师紧紧围绕财务管理对每家公司的经营状况一一进行分析，指出成绩，也指出不足，大家一起学习、一起进步。

第三节　企业非财务经理的财务管理沙盘模拟实战试题

一、判断题

（1）企业的固定资产越多也好。

　　□对　　□错

（2）企业的利润率跟资产无关。

　　□对　　□错

（3）企业保留的现金越多越好。

　　□对　　□错

（4）无论何时，借入资金都是对的。

　　□对　　□错

（5）预算从采购部门开始制作。

　　□对　　□错

（6）企业的资产都是所有者的。

　　□对　　□错

（7）只要利润是负值，经营一定不好。

　　□对　　□错

（8）量、本、利的关系至关重要。

　　□对　　□错

（9）预算是量化表达的、涵盖一个特定时期的数字计划。

　　□对　　□错

（10）销售越多越好，应收账款无所谓。

　　　□对　　□错

二、思考题

（1）会计要素确认和计量的几个原则是什么？

（2）财务分析的基本方法包含哪些？

（3）财务分析的内容包含哪些？

（答案见附录六）

第四章

企业市场营销与管理沙盘模拟实战

【营销】
热血照华夏,激情荡九州。
拼搏与奋进,才会真丰收。

第一节　企业市场营销与管理沙盘模拟实战说明

市场营销与管理沙盘模拟实战旨在通过运用沙盘教学方法，树立管理者的现代营销思想和市场竞争意识，切实提升管理者分析营销环境、把握营销机会、制定营销计划、确立竞争优势、改进营销绩效、决定市场策略的能力。

模拟经营当中，每个团队都要应对激烈动荡的市场环境和势均力敌的竞争对手。在高强度的市场竞争下，模拟公司将遭遇各种各样的危机、约束、压力和挑战，参加培训的学员通过体验模拟公司 3~4 年市场竞争的成功与失败过程，培养市场营销能力，领悟营销决策真谛。每一年度营销活动结束后，学员们通过对模拟公司当年业绩的盘点与总结，反思营销成败，解析竞争得失，梳理营销思路，暴露决策误区，并通过多次调整与改进的练习，切实提高营销管理与决策水平。

一、培训的意义

（1）通过模拟实战，学会收集、整理与分析商业信息，了解顾客的消费行为和竞争对手的策略。

（2）借助模拟实战，学习如何分辨主要竞争对手，针对主要竞争对手进行竞争压力分析，准确把握竞争形势。

（3）在激烈多变的模拟竞争中加深对竞争策略、市场定位、营销资源配置、广告和促销计划、定价策略、渠道管理等方面的科学认识。

（4）通过模拟对抗，认识市场竞争的本质和内涵，学习在激烈竞争环境中应对市场竞争，确保营销计划顺利实施。

（5）借助模拟实战，切实掌握市场营销的基本思路、策略、方法和技巧。

（6）学习运用营销组合策略，缔造行业内的竞争优势，提高市场占有率。

（7）分析市场环境变化趋势，学习适应市场的诸多不确定性，练习掌握在多变环境下完成营销目标的能力。

（8）演练营销战，提高对市场营销防御战、进攻战、侧翼战、游击战的理解与灵活运用能力。

二、培训课程大纲

培训对象：企业中高层管理人员、营销人员

培训规模：20~40人

授课时间：2~3天（12~18学时）

1. 竞争的起点——市场调研与分析

（1）市场环境分析：企业宏观环境分析的内容和方法；行业竞争环境分析的程序和步骤；自身内部环境分析的要素和意义。

（2）消费者市场分析：如何进行消费者市场分类；分析消费者市场的基本特点；解析消费者的购买决策过程。

（3）产业市场分析：产业市场的基本特征；产业市场的购买行为特性；产业市场营销策略组合特点。

（4）市场信息分析：市场信息系统的建立与维护；通过何种手段以及如何收集市场信息；如何深入梳理与解读各类市场信息。

2. 谋定而后动——营销计划的制定、实施与控制

（1）市场选择：学习制定企业营销战略计划；练习运用有效的市场细分方法进行市场细分；演练不同的目标市场选择策略；进行各个目标市场的竞争定位组合。

（2）营销策划：练习制定各项营销管理决策；进行产品线和品牌管理；设计定价策略与方案；系统管理营销方案。

（3）市场营销计划的制定与实施：营销计划的制定程序——逻辑递进；营销计划的内容要点——综合平衡；营销计划的有效实施——行为导向。

（4）市场营销控制：营销控制的基本程序和原则；获利性控制的手段与方法；市场营销审计与常见问题分析。

3. 通路制胜——渠道建设与优化

（1）认识市场布局的重要性。

（2）市场布局的主要方针和策略。

（3）市场布局决策的主要依据。

（4）渠道结构的选择与平衡。

（5）激烈竞争背景下的渠道开发策略。

4. 营销的高点——大客户管理

（1）分析大客户的购买过程。

（2）帮助大客户寻找真正的目标。

（3）学习跨越鸿沟的呈现方法。

（4）为大客户制定发展目标。

（5）建立大客户管理战略及计划。

（6）顾问式的销售行动，成为顾客的发展顾问。

5. 凝聚力量——整合营销

（1）市场营销职能的演变历程。

（2）如何理解内部营销与外部营销。

（3）现代企业利润链的结构与特点。

（4）整合的目标——协同竞争。

6. 营销必杀技——营销战

（1）演练营销进攻、营销防御和营销游击战术。

（2）体验领导者、追随者、补缺者、挑战者策略。

（3）学习灵活运用品牌战、价格战、广告战和渠道战。

第二节　企业市场营销与管理沙盘模拟实战流程及核心知识点

企业市场营销与管理沙盘模拟实战流程，如图4-1所示。

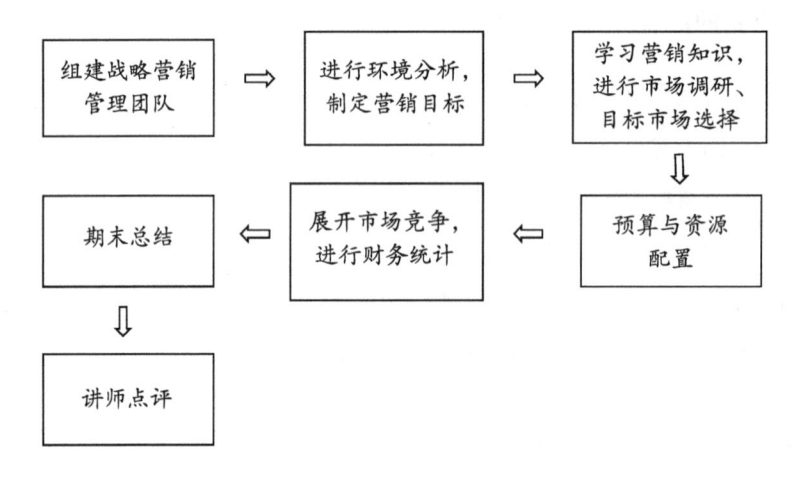

图4-1　企业市场营销与管理沙盘模拟实战流程

一、组建战略营销管理团队

人力资源是企业极其重要的资源，而营销又是企业非常关键的部门，因此打造一支优秀的营销团队就显得非常重要。不过这里所说的营销不是一般意义上的销售，而是属于战略营销，所以，在这一环节组建的团队包括了总经理、营销部经理、财务部经理、战略部经理、生产部经理等管理人员。

二、进行环境分析，制定营销目标

1. 核心知识点学习

（1）营销环境分析：分析与企业营销相关的环境因素（见图 4-2）。

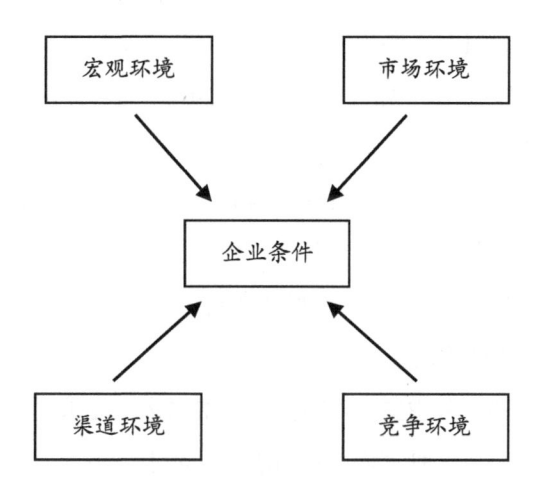

图 4-2　企业市场营销环境

①宏观环境：国家的政治与法律、经济、技术、社会等各种因素。
②市场环境：市场容量、增长率、利润率、客户关注点等。
③竞争环境：竞争者数量、主要竞争对手规模及其优势、劣势等。
④渠道环境：渠道的多少、宽窄、垄断性等。

（2）营销目标：包括市场覆盖范围、市场占有率、销售数量、销售收入、新市场开发、原有客户维护、销售利润等。

2. 实战演练

研究模拟行业信息，制定目标如市场占有率、收入、利润等。

三、学习营销知识，进行市场调研、目标市场选择

1. 核心知识点学习

（1）市场营销。

市场营销是企业以顾客需求为核心，有计划地组织企业各项经营活动，为顾客提供满意的商品和服务而实现企业目标与价值的过程。美国营销协会对其的定义是：市场营销既是一种组织职能，也是为了组织自身及利益相关者的利益而创造、传播、传递客户价值，管理客户关系的一系列过程。

（2）营销管理。

营销管理是指为了实现企业目标，创造、建立和保持与目标市场之间的互利交换的关系，而对设计方案的分析、计划、执行和控制。其任务是为促进企业目标的实现而调节需求的水平、时机和性质。

（3）市场营销管理的任务。

市场营销管理的任务主要是调节需求。根据市场需求的水平、时间和性质的不同，可归纳出以下 8 种需求：负需求、无需求、潜伏需求、下降需求、不规则需求、充分需求、过量需求、有害需求。

（4）市场营销过程。

市场营销过程即 RSTP-4P 过程，如图 4-3 所示。

```
R ──→ S ──→ T ──→ P ──→ 4P
```

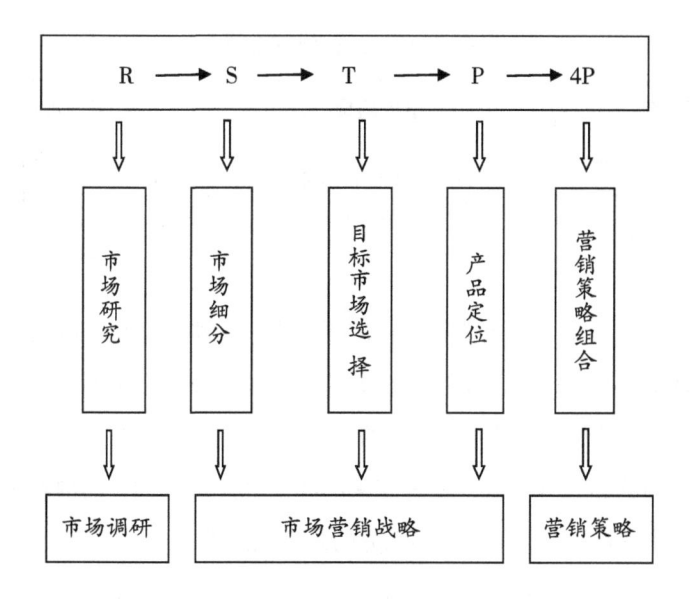

市场研究 → 市场细分 → 目标市场选择 → 产品定位 → 营销策略组合

市场调研　　市场营销战略　　营销策略

图 4-3　市场营销过程

（5）营销战略与公司战略的关系。

公司战略包括一系列内容，比如经营范围和经营目标的确定、对实现经营目标所需资源的评估等。营销战略是由高层所做出的怎样、何时和在什么地方开展竞争的战略性决策，它与公司战略密不可分。

（6）营销发展的三个阶段。

①大量营销，如可口可乐公司在企业成立初期向市场推出一种饮料进行大规模销售。大量营销成立的理由是能够使得相关费用最少和产品价格最低。

②产品差异性营销，如可口可乐公司后来推出不同包装的饮料。差异性营销的目的是向购买者提供多样化的产品，而不是吸引不同的细分市场。

③目标营销，如可口可乐公司推出的运动饮料。

（7）市场营销三部曲。

市场营销三部曲，也就是现代市场营销的核心——STP营销（见表4-1）。S、T、P分别是Segmenting、Targeting、Positioning三个英文单词的缩写，即市场细分、目标市场选择和市场定位的意思。

表 4-1　市场营销三部曲

市场细分	目标市场选择	市场定位
确定细分变量和细分市场；描述细分市场的轮廓	评估每一细分市场的吸引力；选择目标细分市场	确定每一目标细分市场可能的市场定位概念；选择、描述和传送所选择的定位概念

市场细分是指企业按照消费者在需要、爱好、购买动机、购买行为、购买能力等方面的差别或差异，运用系统方法把整体市场划分为两个或者两个以上的需求与愿望大体相同的消费者群体的一系列求同存异的方法。

①市场细分的客观基础：顾客需求的异质性是市场细分的内在依据，企业资源的限制和进行有效竞争是市场细分的外在强制条件。

②市场细分标准，如表 4-2 所示。

表 4-2　市场细分标准

细分标准	具体因素
地理变数	地理区域、自然气候、资源分布、人口密度、城市大小、乡镇大小等
人口变数	年龄、性别、家庭人数、生命周期、收入、职业、教育程度、宗教信仰、种族、国籍、社会阶层等
心理变数	生活方式、性格（内向与外向、独立与依赖、乐观与悲观、保守与激进）等
购买行为变数	购买频率、追求的利益、忠诚度、使用率、对产品的态度、价格敏感度、服务敏感度、广告敏感度等

目标市场选择是企业对各个细分市场进行评估，根据细分市场的市场潜力、竞争状况、本企业资源条件等多种因素，决定把哪一个或哪几个细分市场作为目标市场的过程。

①成为目标市场的四个条件：拥有一定的购买力，有足够的销售量及营业额；有较理想的尚未满足的消费需要，有充分发展的潜在购买力；市场未形成

垄断；能够为企业带来利润。

②目标市场选择模式：主要有密集单一市场、有选择的专业化、产品专业化、市场专业化、完全市场覆盖五种（详见第二章）。

③目标市场营销策略选择：一般包括无差异市场营销策略、差异性市场营销策略、集中性市场营销策略（详见第二章）。

所谓定位，就是企业根据目标市场上的同类产品竞争状况，为本企业产品塑造强有力的与众不同的鲜明个性，并将其形象生动地传递给顾客，求得顾客认同。产品定位也就是指在企业确定目标市场后，将通过何种营销方式来提供何种产品和服务，以便在目标市场与竞争者以示区别，从而树立企业的形象，取得有利的竞争地位。定位决策是企业制定市场营销组合策略的基础，企业的市场营销组合要受到企业市场定位的制约。

①产品定位的过程就是企业差别化的过程：如何寻找差别、识别差别和显示差别。定位是通过差异化在顾客心目中占有特殊的位置，由于一项产品是多个因素的综合反映，包括性能、构造、成分、包装、形状、质量等，因此，定位就是要强化或放大某些产品因素，从而形成与众不同的独特形象。

②定位的作用：有利于建立企业及产品的市场特色。比如美国苹果公司，在世界移动设备与计算机设备市场上成功地塑造了质量领先、不断创新的形象，从而在激烈的市场竞争中居于领先地位，并且由一家小公司上升到世界最著名的公司之一。

③定位三要素：确立产品的特色；树立市场形象；巩固市场形象。

④定位四原则：一是根据具体的产品特点定位。构成产品内在特色的许多因素都可以作为市场定位所依据的原则，比如所含成分、材料、质量、价格等。例如"七喜"汽水的定位是"非可乐"，强调它是不含咖啡因的饮料，与可乐类饮料不同；"泰诺"止痛药的定位是"非阿斯匹林类的止痛药"，显示药物成分与以往的止痛药有本质的差异。二是根据特定的使用场合及用途定位。为老产品找到一种新用途，是为该产品创造新的市场定位的好方法。例如一家生产月饼的厂家最初将其产品定位为家庭休闲食品，后来又发现不少顾客购买是为了馈赠，又将之定位为礼品。三是根据顾客得到的利益定位。产品提供给顾

客的利益是顾客最能切实体验到的,因此能够作为定位的依据。例如美国米勒啤酒公司曾推出一种低热量的啤酒,定位为"喝了不会发胖的啤酒",迎合了那些喜欢饮用啤酒又担心发胖者的需要。世界上各大汽车巨头的定位也各有其特色,如劳斯莱斯车定位为豪华气派、丰田车定位为物美价廉、沃尔沃则定位为结实耐用等。四是根据使用者类型定位。企业常常试图将其产品指向某一类特定的使用者,以便根据这些顾客的看法塑造恰当的形象。例如美国米勒啤酒公司曾将其原来唯一的品牌"高生"啤酒定位于"啤酒中的香槟",吸引了许多不常饮用啤酒的高收入妇女。后来发现,占30%的狂饮者大约消费了啤酒销量的80%,于是,该公司在开始广告中展示石油工人钻井成功后狂欢的镜头和年轻人在沙滩上冲刺后开怀畅饮的镜头,塑造了一个"精力充沛的形象"。

⑤企业市场定位的步骤:确认本企业的竞争优势;准确地选择相对竞争优势;显示独特的竞争优势。

⑥市场定位的具体方法:初次定位,即产品第一次上市的定位;重新定位,即对已上市产品重新进行定位;对峙定位,即与竞争对手针锋相对的定位;回避定位,即避开主要竞争对手的定位策略。

(8)市场营销竞争策略。

第一,市场领导者策略。

所谓市场领导者,是指在相关产品的市场上市场占有率最高的企业。一般来说,大多数行业都有一家企业被公认为市场领导者,它在价格调整、新产品开发、渠道覆盖和促销力量方面处于主导地位。它是市场竞争的导向者,也是竞争者挑战、效仿或回避的对象,比如汽车行业的通用公司、手机行业的苹果公司、软饮料行业的可口可乐公司以及快餐业的麦当劳公司等。市场领导者为了应对挑战,维护自己的优势,保持自己的领导地位,通常可以采取以下三种具体策略。

①设法扩大整个市场需求。一般来说,当一种产品的市场需求总量扩大时,受益最大的是处于市场领导地位的企业。因此,市场领导者应努力从以下三个方面扩大市场需求量,即发掘新的使用者、开辟产品新用途、扩大产品的使用量。

②采取有效的防守措施和攻击战术，保护现有的市场占有率。处于市场领导地位的企业，在努力扩大整个市场规模时，必须注意保护自己现有的业务，以防备竞争者的攻击，例如在中国市场上可口可乐公司必须对百事可乐公司常备不懈。领导者的防御策略有阵地防御、侧翼防御、先发防御、反攻防御、运动防御、收缩防御等。

③在市场规模保持不变的情况下，进一步扩大市场占有率。市场领导者设法提高市场占有率也是增加收益、保持领导地位的一个重要途径。在美国许多市场上，市场份额提高一个百分点就意味着上亿美元的收益，例如咖啡市场份额的一个百分点就是近亿美元，而软饮料市场的一个百分点就是近10亿美元。

第二，市场挑战者策略。

所谓市场挑战者，是指行业中名列第二、三名等次要地位的企业，称为亚军公司或者追赶公司。亚军公司对待竞争形势有两种态度：一种是向市场领导者和其他竞争者发动进攻，以夺取更大的市场占有率，这时它们可称为市场挑战者；另一种是维持现状，避免与市场领导者和其他竞争者引起争端，这时它们也称为市场追随者。

①市场挑战者在发起挑战的时候要明确战略目标和挑战对象。战略目标与进攻对象密切相关，针对不同的对象存在不同的目标；挑战者可以选择三种公司作为攻击对象，即市场领导者、与自己规模相当者、区域性小型企业。

②挑战者的进攻策略：正面进攻、侧翼进攻、围堵进攻、迂回进攻、游击进攻等。

第三，市场跟随者策略。

有时产品模仿像产品创新一样有利。因为一种新产品的开发和商品化要投入大量资金和时间，也就是说市场领导者地位的获得是有代价的。而其他厂商仿造或改良这种产品，虽然不能取代市场领导者，但因不必承担新产品创新费用，也可获得很高的利润。此类厂商就可称为市场跟随者。市场跟随者有以下几种策略可以选择。

①紧密跟随：指跟随者尽可能地在各个细分市场和营销组合领域仿效领导者。这种跟随者有时好像是挑战者，但只要它不从根本上危及领导者的地位，

就不会发生直接冲突。有些跟随者表现为较强的寄生性，因为它们很少刺激市场，总是依赖市场领导者的市场努力而生存。

②有距离的跟随：指跟随者在目标市场、产品创新、价格水平和分销渠道等方面都追随领导者，但仍与领导者保持若干差异。这种跟随者易被领导者接受，同时它也可以通过兼并同行业中的弱小企业而使自己发展壮大。

③有选择的跟随：指跟随者在某些方面紧随领导者，而在另一些方面又自行其是。也就是说，它不是盲目追随，而是择优跟随，在跟随的同时还要发展自己的独创性，但同时避免直接竞争。这类跟随者中有些可能会发展为挑战者。

第四，市场补缺者策略。

几乎每个行业都有这样的一些小企业，它们专心致力于市场中被大企业忽略的某些细分市场，在这些小市场上通过专业化经营来获取最大限度的收益。这种有利的市场位置就称为"利基"，市场利基者就是指占据这种位置的企业，也被称为市场补缺者。

①理想的利基市场特征：有足够的市场潜在销量和购买力；市场有发展潜力；对主要竞争者不具有吸引力；企业具备有效地为这一市场服务所必需的资源和能力；企业已在顾客中建立起良好的信誉，足以对抗竞争者。

②市场利基者的主要策略是专业化，可以分为以下几种：按最终用户专业化；按垂直层次专业化；按顾客规模专业化；按特定顾客专业化；按地理区域专业化；按产品或产品线专业化；按客户订单专业化；按质量与价格专业化；按服务项目专业化；按分销渠道专业化。

③市场利基者的风险：市场利基者要承担较大风险，因为利基本身可能会枯竭或受到攻击，因此，在选择市场利基时，营销者通常选择两个或两个以上的利基，以确保企业的生存和发展。不管怎样，只要营销者善于经营，小企业也有机会为顾客服务并赢得相应的利润。

（9）营销组合策略。

企业针对产品、价格、促销、渠道等制定特殊的要素组合的策略，其目标是以低成本的方式来实现营销组合要素与目标市场的动态匹配与平衡。

①定价策略。影响定价的因素包括产品定位、产品直接成本、竞争对手的

价格、供需关系、消费者心目中的价格带、价格弹性等，在制定价格时，一般可采用以下几种基本策略。

一是撇脂定价法。

二是渗透定价法。

三是市场导向定价法。

四是竞争定价法。

五是成本加成定价法。

以上几种定价法在第三章都有过介绍，此处不再赘述。

六是折扣定价法。折扣定价是指对基本价格做出一定的让步，直接或间接降低价格，以争取顾客，扩大销量。其中，直接折扣的形式有数量折扣、现金折扣、功能折扣、季节折扣等，间接折扣的形式有回扣和津贴等。

七是心理定价。其策略就是企业在制定产品价格时，运用心理学的原理，根据不同类型消费者的消费心理来制定价格。它是定价的科学和艺术的结合，比如尾数定价策略、整数定价策略、声望定价策略、招徕定价策略、习惯定价策略等。

八是组合定价。这是处理企业各产品价格关系的一种策略。当一种产品属于企业产品组合的一部分时，其定价目标是整个产品组合的利润最大化，而非单个产品项目的利润最大化。常用的方法包括产品线定价法、选购配件定价法、附属品定价法、二部定价法、副产品定价法和产品捆绑定价法等。

九是差别定价。企业用两种或多种价格销售一个产品或一项服务，尽管价格差异并不是以成本差异为基础得出的。

十是溢价销售。这是一种销售者通过涨价使价格超出底价的方式来达成销售的行为。

②促销策略。促销就是营销者向消费者传递有关本企业及产品的各种信息，说服或吸引消费者购买其产品，以达到扩大销售量的目的的一种活动。促销实质上是一种沟通活动，即营销者（信息提供者或发送者）发出作为刺激消费的各种信息，把信息传递到一个或更多的目标对象（即信息接收者，如听众、观众、读者、消费者或用户等），以影响其态度和行为。

推动式促销和拉动式促销是两种基本的促销策略，其形式如图 4-4 所示。

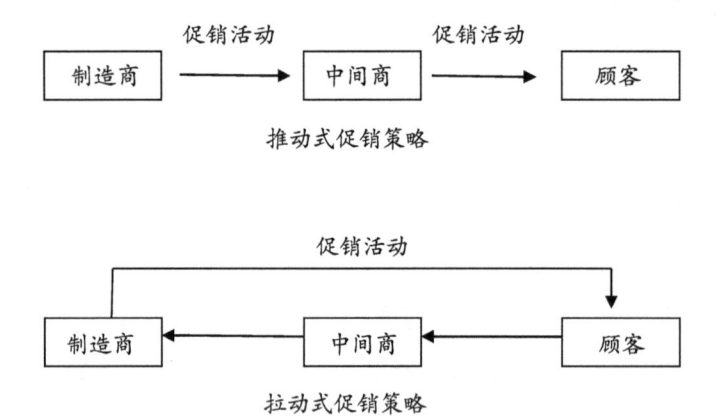

```
制造商 ──促销活动──> 中间商 ──促销活动──> 顾客
              推动式促销策略

         ┌────────── 促销活动 ──────────┐
         ↓                              │
      制造商 <── 中间商 <── 顾客
              拉动式促销策略
```

图 4-4　两种基本促销策略

常用的促销手段从形式上有广告、人员推销、网络营销、营业推广和公共关系等，从具体方法上可以分为以下几种。

一是无偿促销，是针对目标顾客不收取任何费用的一种促销手段。它包括三种形式：无偿附赠，以"酬谢包装"为主；无偿试用，以"免费样品"为主；免费抽奖，以"实体产品"为主。

二是惠赠促销，是对目标顾客在购买产品时给予一种优惠待遇的促销手段。

三是折价促销，是在目标顾客购买产品时，给予不同形式的价格折扣的一种促销手段。

四是竞赛促销，是利用人们的好胜和好奇心理，通过举办趣味性和智力性竞赛，吸引目标顾客参与的一种促销手段。

五是活动促销，是通过举办与产品销售有关的活动，来达到吸引顾客注意与参与的一种促销手段。

六是双赢促销，是两个以上市场主体通过联合促销方式，来达到互惠互利的一种促销手段。换言之，两个以上的企业为了共同谋利而联合举办的促销，即为双赢促销，如服装企业与皮鞋企业联合促销。

七是服务促销，是为了维护顾客利益，并为顾客提供某种优惠服务，便于顾客购买和消费的一种促销手段。可以说，服务促销最能表现出顾客满意理念。

③渠道策略。销售渠道是指某种产品从生产者向消费者或用户转移过程中所经过的一切取得所有权的商业组织和个人，即产品所有权转移过程中所经过的各个环节连接起来形成的通道。销售中采取的渠道策略一般有以下几种：直接渠道或间接渠道的营销策略；长渠道或短渠道的营销策略；宽渠道或窄渠道的营销策略；单一销售渠道或多销售渠道策略；传统销售渠道或垂直销售渠道策略。

在渠道策略的运用中，渠道冲突是一个很难回避的问题，需要特别引起管理者重视。渠道冲突即由于利益关系发生的矛盾，主要包括不同品牌的同一渠道之争、同一品牌内部的渠道之争、渠道上游与下游之争。

有关渠道的关键问题，还包括传统渠道与新型渠道如电商之间的协调、自建渠道与非自建渠道之间的协调等。

（10）大客户策略。

①大客户的概念。大客户指对产品（或服务）消费频率高、消费量大、客户利润率高而对企业经营业绩能产生一定影响的重要客户。其有两个方面的含义，一是指客户范围大，客户不仅包括普通的消费者，还包括企业的分销商、经销商、批发商和代理商；二是指客户的价值大小，不同的客户对企业的利润贡献差异很大，20%的大客户贡献了企业80%的利润。因此，企业必须要高度重视高价值客户以及具有高价值潜力的客户。

②大客户营销原则。大客户营销即针对大客户的一系列营销组合。由于其价值相对比较大，需要一对一地进行客户管理与营销战略实施。一般需要采取整合企业资源策略、双赢策略、一对一策略。大客户营销的原则包括以下几个。

需求原则：客户需求不一样，销售者的接触策略也应该进行相应调整，这就是市场规则，同时也是一个优秀的大客户经理和一个平庸的大客户经理的区别之一。

过程原则：立足过程去追求结果，踏踏实实地做好每一件事情，把每一件事情或者每一步都做到高质量，成功的结果90%是水到渠成的事情。

细节原则：细节决定执行的成败。

引导原则：步步为营，扎扎实实。

（11）品牌策略。

①品牌的概念。品牌是销售者向购买者长期提供的一组特定的特点、利益和服务。品牌是给拥有者带来溢价、产生增值的一种无形的资产，它的载体是用于和其他竞争者的产品或服务相区分的名称、术语、象征、记号或者设计及其组合，增值的源泉来自消费者心智中形成的关于其载体的印象。

广义的"品牌"是具有经济价值的无形资产，用抽象化的、特有的、能识别的心智概念来表现其差异性，从而在人们意识当中占据一定位置的综合反映，品牌建设具有长期性。狭义的"品牌"是一种拥有对内对外两面性的"标准"或"规则"，是通过对理念、行为、视觉、听觉四方面进行标准化、规则化，使之具备特有性、价值性、长期性、认知性的一种识别系统总称，这套系统也被称为 CIS（Corporate Identity System）。

②品牌的价值。包括用户价值和自我价值两部分。品牌的功能、质量和价值是品牌的用户价值要素，即品牌的内在三要素；品牌的知名度、美誉度和忠诚度是品牌的自我价值要素，即品牌的外在三要素。品牌的用户价值大小取决于内在三要素，品牌的自我价值大小取决于外在三要素。

③常用的品牌策略。品牌策略是一系列能够产生品牌积累的企业管理与市场营销方法，包括营销策略组合与品牌识别在内的所有要素，主要有品牌化决策、品牌使用者决策、品牌名称决策、品牌战略决策、品牌再定位决策、品牌延伸策略、品牌更新决策等。通常应用的品牌策略有5种，即产品线扩展策略、品牌延伸策略、多品牌策略、新品牌策略、合作品牌策略。

④品牌再定位决策。品牌再定位是指一种品牌在市场上最初的定位也许是适宜的、成功的，但是到后来企业可能不得不对之重新定位。原因是多方面的，比如竞争者可能继企业品牌之后推出它的品牌，并削减企业的市场份额，从而顾客偏好也会转移，使对企业品牌的需求减少，或者公司决定进入新的细分市场。

2. 实战演练

各个公司进行市场调研，购买调研报告，选择目标客户。

四、预算与资源配置

预算是量化表达的、涵盖一个特定时期的数字计划。企业可以通过预算分配财务、实物及人力等各种资源，实现既定的战略目标，同时可以通过预算来监控战略目标的实施进度，并预测企业的现金流量与利润。在这一环节，各个公司将完成年度预算并分配资源。

五、展开市场竞争，进行财务统计

公司之间应用营销手段展开激烈的竞争，并在其后进行财务统计。
（1）制定产品销售价格。
（2）决定是否做广告宣传。
（3）确定是否设立账期。
（4）争抢订单。
（5）统计公司产品市场占有率。
（6）统计营业收入、成本费用、投资收益、营业外收入、营业外支出等。
（7）计算利润。

六、期末总结

每个公司对当年的营销工作进行分析和总结，为下一年度的发展打好基础。

七、讲师点评

讲师紧紧围绕营销管理这一主题对每家公司的经营状况进行一一分析,指出成绩,也指出不足,大家一起学习、一起进步。

第三节　企业市场营销与管理沙盘模拟实战试题

一、判断题

(1) 市场研究不重要,只要产品质量好就行。

　　□对　　□错

(2) 所有产品都适合全市场覆盖策略。

　　□对　　□错

(3) 无须考虑竞争对手的策略,做好自己即可。

　　□对　　□错

(4) 对消费者无须传递更多信息,只要说明产品功能即可。

　　□对　　□错

(5) 低价格策略肯定获胜。

　　□对　　□错

(6) 促销活动越多越好。

　　□对　　□错

(7) 只要注重营销即可,不必重视其他。

　　□对　　□错

（8）营销是包含诸多因素在内的系统工程。

　　　□对　　□错

（9）定位决定了新产品上市的成败。

　　　□对　　□错

（10）销售只要把产品卖出去即可，有没有利润无所谓。

　　　□对　　□错

二、思考题

（1）最基本的营销4P是什么？

（2）影响定价的因素有哪些？

（3）现代市场营销的核心是什么？

（答案见附录六）

第五章

企业高效团队建设与群体决策沙盘模拟实战

【团队】

孤掌难鸣奏,三人百里行。

汇来天下智,才是真英雄。

第一节 企业高效团队建设与群体决策沙盘模拟实战说明

高效团队建设与群体决策沙盘模拟实战旨在通过运用现代体验式教学方法，树立管理者的团队思想与沟通意识，切实提升管理团队的组织效率，锻炼经营管理团队消除分歧、达成共识、相互激发、良性协作、改进绩效、正确决策的能力。

模拟经营中，每个管理团队都要在公司的整体资源约束下直面各部门间的困难、矛盾和冲突，以公司战略目标为核心，通过换位思考展开全方位的跨职能沟通，做出服从全局的理性管理决策。

一、培训的意义

在高强度的市场竞争中，模拟公司的管理团队将遭遇各种各样的危机、挫折、压力和挑战，参加培训的学员就是在经历模拟团队3~4年市场竞争的成功与失败过程中，得以提高团队建设能力，培养团队协作与沟通能力，领悟群体决策的真谛。

二、培训课程大纲

培训对象：企业中高层经理、骨干员工
培训规模：30~40人

授课时间：2~3 天（12~18 学时）

1. 组织分工与协作

（1）全员参与制定模拟公司的组织目标与发展规划。

（2）设计适合模拟公司战略需要的组织结构与运作流程。

（3）根据模拟公司业务特点建立组织内部协调与协作机制。

（4）通过实战，认识分工、协作与效率之间的关系。

（5）感受各部门分工与协作的矛盾，寻求职能分工与协作的平衡。

（6）学习在分工协作基础上组织核心能力的培养与团队优势缔造策略。

2. 团队管理

（1）围绕模拟公司目标，演练组织构建、管控高效管理团队。

（2）练习使用团队管理的正确思路和方法构筑团队凝聚力。

（3）认识高效管理团队领袖应具备的特质、素养和条件。

（4）学习激发团队成员的潜能，引导团队成员能力升级。

（5）感受团队中否定式、抚慰式、交流式反馈对于团队的影响。

（6）掌握团队领导正确评估、采纳团队的非共识性建议的技巧。

3. 团队建设

（1）通过模拟团队建设，认识团队各个角色的作用和特点。

（2）认识团队建设五个不同发展阶段面临的主要任务和挑战。

（3）利用团队文化与制度构建，破解团队建设中的"瓶颈困惑"。

（4）体验"信任"对高效管理团队建设的重要意义。

（5）学习跨部门职能对接，提高系统观念，树立全局意识。

（6）基于团队承诺，协调行动计划，平衡资源，提升绩效。

4. 群体决策

（1）学习掌握群体决策的基本方法。

（2）运用群体决策，制定模拟公司的各项经营计划。

（3）亲身体验各类群体决策方式的优点与缺点。

（4）在不断实践和运用中优化群体决策程序。

（5）利用期末总结，反思、辨析群体决策存在的问题。

第二节 企业高效团队建设与群体决策沙盘模拟实战流程及核心知识点

企业高效团队建设与群体决策沙盘模拟实战流程，如图5-1所示。

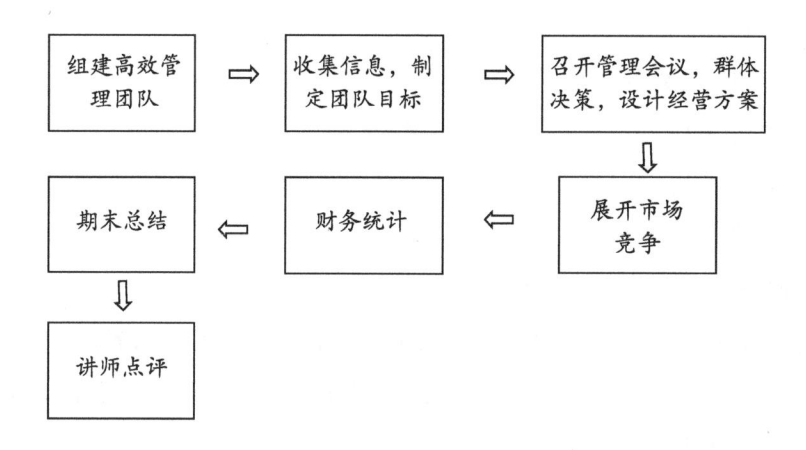

组建高效管理团队 ⇒ 收集信息，制定团队目标 ⇒ 召开管理会议，群体决策，设计经营方案 ⇓

期末总结 ⇐ 财务统计 ⇐ 展开市场竞争

⇓

讲师点评

图 5-1 企业高效团队建设与群体决策沙盘模拟实战流程

一、组建高效管理团队

1. 核心知识点学习

（1）团队的概念。

团队就是由少数有互补技能、愿意为了共同的目的和业绩目标而相互承担责任的人组成的群体。

（2）团队建设的基本要素。

①有意义的目的（为什么组成团队）。

②具体的业绩目标（团队具体做什么）。

③共同的方法（如何做）。

④互补的技能。

⑤相互的责任。

⑥相互投入。

⑦相互信任。

（3）团队的类型。

①梦幻团队。

②常规团队。

③地狱团队。

（4）影响团队有效性的因素。

①领导者的因素：团队意识、团队建设与管理技巧、领导力等。

②成员关系因素：角色关系（发起者—追随者—反对者—旁观者）、价值观关系、非正式交往。

③制度规范因素：如薪酬机制（个人酬金＋团队业绩酬金）。

（5）团队建设的内容。

①团队目标的确定：有共同的目标才能建立团队的认同感和归属感，大家会觉得我们是一个整体，这是团队气氛的心理基础。

②团队成员的挑选：技能上的多样性和互补性，良好的协作性。

③团队规范的建立：基础规则或约束。

④团队意识的形成：团队意识的核心是"团队精神"。

⑤成员关系的发展：沟通、理解、信任。

⑥团队的管理/指导/领导：高层经理对于团队要放而不纵。

（6）团队成员培养相互信任的五要素。

①正直。

②能力。

③一贯。

④忠实。

⑤开放。

（7）成功团队的模式分析。

团队的构成实际上是一个平衡的问题。团队需要的不是一个个平衡的个体，而是能够在组合起来以后平衡的群体。团队中的每个人都既能够满足特定需要而又不与其他的角色重复，这样，个人的弱点才能被弥补，优点也就能充分释放。

（8）团队的发展阶段。

①第一阶段——成立期。

特点：被选入团队的人既兴奋又紧张，高期望，寻求自我定位，试探环境和核心人物，有许多纷乱的不安全感、焦虑和困惑，管理上依赖职权。

如何帮助团队度过第一阶段：管理者宣布对团队的期望、与成员分享成功的远景、提供团队明确的方向和目标、适当地展现信心、提供团队所需的资讯、帮助团队成员彼此认识。

②第二阶段——动荡期。

特点：期望与现实脱节，隐藏的问题逐渐暴露，有挫折和焦虑感，怀疑目标是否能完成，人际关系紧张（冲突加剧），对领导权不满（尤其是出问题时），生产力遭受持续打击。

如何帮助团队度过第二阶段：一是安抚人心。包括认识并处理冲突；化解权威与权力造成的问题，不允许依靠权力打压他人贡献；鼓励团队成员就有争议的问题发表自己的看法。二是准备建立工作规范（以身作则）。三是调整领导角色，鼓励团队成员参与决策。

③第三阶段——稳定期。

特点：人际关系由敌对走向合作（憎恶开始解除；沟通之门打开，相互的信任加强；团队发展了一些互相合作的规则；注意力转移）；工作技能提升；建立工作规范和流程，特色逐渐形成。

如何帮助团队度过第三阶段：形成团队文化、形成团队规范、不回避冲突。

④第四阶段——高产期。

特点：团队信心大增，具备多种技巧，合力解决各种问题，用标准流程和方式进行沟通、化解冲突、分配资源，团队成员自由且有建设性地分享观点与信息，团队成员分享领导权。大家具有一种完成任务的使命感和荣誉感。

如何通过变化带领高产期的团队：随时更新工作方法与流程，团队领导就如普通成员而非领袖，通过承诺而非管制追求更佳结果，给团队成员具有挑战性的目标，监控工作进展，承认个人贡献，大家一起庆祝成就。

⑤第五阶段——调整期。

调整心态，积极迎接团队变革。

（9）冲突。

组织中的成员在交往中产生意见分歧，出现争论、对抗，导致彼此间关系紧张，该状态即为"冲突"。

①冲突的形式。

从内容上看，冲突有工作冲突和人际冲突两种形式。

工作冲突：由于工作引起的冲突，比如对工作方法、资源分配等产生不同意见和分歧。

人际冲突：由于人际关系引起的冲突。

从性质上看，冲突有建设性冲突和破坏性冲突两种形式。

建设性冲突：支持团队目标并增进团队绩效的冲突。其积极性一般表现为：内部的分歧与对抗，能激发潜力和才干；带动创新和改变；冲突暴露恰如提供一个出气孔，使对抗的成员采取联合方式发泄不满，否则压抑怒气反而容易酿成极端反应；冲突有利于对组织问题提供完整的诊断资讯；两大集团的冲突可以表现它们的实力，并最后达到权力平衡，以防无休止的斗争；冲突可促使大家联合以求生存或对付更强大的敌人。

破坏性冲突：团队中具有损害性的或阻碍目标实现的冲突。其消极性一般表现为：使人力、物力分散，减低工作关心度；造成紧张与敌意，凝聚力降低；持续的破坏性冲突有损情绪或身心健康；制造"我们—他们"的对立态势；有可能导致事实真相的扭曲。

②如何看待冲突。

第一，冲突与生俱来，无法避免或被彻底消除。

第二，建议接纳冲突。

第三，对团队绩效有益。

第三，要使冲突的存在合理化。

③冲突处理策略。

竞争策略：通常要牺牲别人的利益来换取自己的利益，以权力为中心，为实现自己的主张可以动用一切手段，包括职权、说服力、威逼利诱等。竞争策略的缺点是不能触及冲突的根本原因，不能令对方心服口服。

迁就策略：一方为了抚慰另一方，则可能愿意把对方的利益放在自己的利益之上。迁就是为了维持相互关系，某一方愿意自我牺牲，屈从于他人观点。迁就策略的缺点是迁就他人自然会受到欢迎，但有时也可能被认为是软弱的表现。

回避策略：一个人意识到了冲突的存在，但希望逃避它或抑制它；既不合作，也不维护自身的利益，一躲了之。回避策略的缺点是只能维持暂时的平衡，不能最终解决问题。

合作策略：主动与对方一起寻求解决问题的办法，互惠互利，双方的意图是坦率澄清差异并找到解决问题的办法，而不是迁就不同的观点，这是一种双赢策略，通常会受到双方的欢迎。合作策略的缺点是费时长，解决思想冲突也不容易。

妥协策略：当双方都愿意放弃某些东西而共同分享利益时，则会带来折衷的结果，目的在于快速地得到一个双方可以接受的方案。没有明显的输家和赢家，妥协策略对处理非原则性的问题较为适合。

④冲突处理的原则。

第一，避免设想对方自大或封闭。

第二，检视自己的负面态度。

第三，保持公正和开放，展示试图了解对方的诚意。

第四，不要当众责怪对方，要给对方留面子。

第五，认识破坏性冲突的代价和建设性冲突的优点。

第六，提供替代的双赢方案。

（10）沟通。

沟通是人与人之间、人与群体之间思想与感情的传递和反馈的过程，目的是求得达成思想一致和情感交流通畅。

①沟通的种类。

从参与人数上，可以分为一对一沟通、一对多沟通、多对一沟通等。

从距离上，可以分为面对面沟通、远距离沟通等。

从方式上，可以分为书面沟通、电话沟通、微信沟通等。

从形式上，可以分为正式沟通和非正式沟通两种。

②沟通的原则。

第一，了解沟通对象。

第二，热情地传递坚定信念。

第三，多听少说。

第四，预先思考与计划。

第五，注意文化差异。

第六，善用故事比喻。

③沟通的障碍。

第一，时间。

第二，空间。

第三，语言。

第四，环节多。

第五，信誉度差。

第六，信息不清。

第七，地位。

（11）协作。

协作是指在目标实施过程中，部门与部门之间、个人与个人之间的协调与配合的精神与行为。协作的关键点是重视团队利益、建立信赖关系、支持与配合、提供反馈。

2. 实战演练

组建包含总经理、财务部经理、生产部经理、销售部经理、研发部经理、采购部经理等岗位在内的经营管理团队，充分沟通、主动理解。

二、收集信息，制定团队目标

1. 信息收集

信息收集是一项非常重要的工作，所有的决策都依据获得信息的准确性、及时性、全面性。在这一环节各个公司需要熟悉模拟行业基本信息，以购买报告的形式进行调研。

2. 制定目标并建立目标体系

目标是公司各级员工在一定期限内奋斗的具体方向，具有凝聚力作用。建立目标体系就是要将公司的远景规划和业务使命转换成明确具体的业绩目标，从而使公司的发展过程有一个可以衡量的标准。好的目标体系能够使公司的各级执行者在采取行动时方向更加明确、努力更有成效。任何一家公司都同时需要战略目标体系和财务目标体系。目标的设定一般要符合 SMART 原则。各个公司将在这一环节制定经营目标，如市场占有率、收入、利润等。

三、召开管理会议，群体决策，设计经营方案

决策指组织或个人为了实现某种目标而对未来一定时期内有关活动的方向、内容及方式的选择或调整的过程，实际上就是在诸多方案中进行选择。决策是一项重要的管理活动。

1. 核心知识点学习

（1）决策七大步骤。
①识别问题。
②确定标准。
③赋予权重。
④提出方案。
⑤评价方案。
⑥实施方案。
⑦评估效果。

（2）群体决策的特点。
①优点：提供更完整的信息、产生更多的方案、提高决策的可接受性、增加合法性。由于群体决策有多人参加，集中了多人的知识、经验、信息，因而往往有较高的正确性。群体决策能够提高群体成员对决策成败的责任感，并便于贯彻执行。

②缺点：消耗时间、少数人统治、屈从压力、责任不清等。在决策的速度和创造性方面，群体决策不如个人决策；在风险方面，容易出现从众行为和责任不清等问题。

2. 实战演练

制定各项经营决策，包括贷款、采购、生产、人事等决策。

四、展开市场竞争

各个公司之间展开市场竞争，这一步骤涉及一些具体的营销策略问题，比如价格战、广告战等。

（1）制定产品销售价格。

（2）决定是否做广告宣传。

（3）确定是否设立账期。

（4）争抢订单。

五、财务统计

财务统计也就是统计经营成果，包括市场占有率、收入、利润等指标。

（1）统计公司产品市场占有率。

（2）统计营业收入、成本费用、投资收益、营业外收入、营业外支出等。

（3）计算利润。

六、期末总结

每个公司总结当年在团队建设、经营决策过程中的得与失，为下一年度的发展打好基础。

七、讲师点评

讲师紧紧围绕团队建设与群体决策这一主题对每家公司的经营状况进行一一分析，指出成绩，也指出不足，大家一起学习、一起进步。

第三节　企业高效团队建设与群体决策沙盘模拟实战试题

一、判断题

（1）目标在团队建设中非常重要。

　　□对　　□错

（2）群体决策没有缺点。

　　□对　　□错

（3）所有的冲突都没有好办法解决。

　　□对　　□错

（4）做好自己部门的绩效，其他部门是别人的事情。

　　□对　　□错

（5）沟通不重要。

　　□对　　□错

（6）信任在团队建设中很重要。

　　□对　　□错

（7）团队成员只需服从即可，无须表达自己的意见。

　　□对　　□错

（8）团队一经组建自己会成为梦幻团队。

　　□对　　□错

（9）建设性冲突不一定都有坏处。

　　□对　　□错

（10）团队的绩效是团队成员个人绩效之和。

□对　　□错

二、思考题

（1）团队的类型有哪几种？

（2）培养相互信任的精神要从哪些方面着手？

（3）团队一般经历哪几个阶段？

（答案见附录六）

第六章

思维创新-问题分析与解决之道沙盘模拟实战

【创新】
突破层层茧,时时要放空。
出奇知正道,去旧迎新容。

第一节　思维创新 - 问题分析与解决之道沙盘模拟实战说明

思维创新 - 问题分析与解决之道沙盘模拟实战旨在通过运用现代沙盘教学方法，树立管理者的创新思维意识和系统思考习惯，切实提升管理者有效解决复杂问题的能力。

一、培训的意义

模拟经营中，每个经营团队都将在复杂多变的环境中面对各种各样的竞争和挑战，参加培训的学员就是在经历模拟团队 3~4 年成功与失败的洗礼中，得以领悟经营管理工作中创新思维的真正意义，掌握深入分析问题及解决问题的能力。每一年度实战结束后，学员们将通过对模拟公司当年业绩的盘点与总结，反思经营成败，暴露思维盲点和误区，通过多轮调整与改进的练习，切实提高和强化复杂情况下分析问题及解决问题的创新思维水平。

二、培训课程大纲

培训对象：企业各级管理人员
培训规模：20~40 人
授课时间：2~3 天（12~18 学时）

1. 创新思维方法

（1）创新思维的本质和内涵。

（2）狭义创新思维和广义创新思维。

（3）创新思维的四大特征和八大类型。

（4）经营管理创新思维培养的思路和方法。

2. 创新战略规划

（1）进行战略展望，明确组织的愿景和战略目标，强化目标导向、成果导向和问题导向意识。

（2）扫描经营环境，进行战略分析，训练和提升在复杂动荡环境下战略机遇与风险的分析与辨识能力。

（3）运用创新思维制定模拟公司的发展战略、竞争战略和职能战略，实现战略创新。

（4）通过案例分析和点评，引导学员反思在战略规划中暴露的经验主义和线性思考问题，促使学员构建系统思维、培养深入分析的习惯。

3. 创新管理沟通

（1）学习掌握外部市场信息与内部管理信息的收集与传递技术，并通过信息共享打通职能竖井。

（2）运用全新的沟通思路，消除传统沟通的代沟。

（3）演练三种不同的创新沟通方式，体验不同沟通方式的特点。

（4）借助现场案例，分析常见的传统沟通障碍和原因。

（5）学习一对一、一对多、多对一沟通的新技巧与新方法。

4. 创新思维下的经营决策

（1）演练每一个模拟经营环节经营问题的分析、研讨和管理决策过程，了解决策问题的分类，掌握开创式决策问题的分析方法和步骤。

（2）利用期末总结进行经营反思，以六大思维重点和面对问题分析与解决的六大步骤为主线，认清传统思维的偏差和局限。

（3）在模拟实战中形象演绎理性决策程序，深刻理解理性决策的四项基本原则，通过反复运用，提升分析解决复杂经营问题的能力。

（4）以系统思维的八大法则为准绳，揭示模拟公司频繁发生重大决策失误的思维陷阱。

（5）对照模拟公司的平庸业绩，寻找问题的深层次原因，认识经验主义和惯性思考的危害。

（6）通过模拟经营决策实战演练，掌握科学创新决策的实质和内涵。

（7）通过连续多轮的模拟创新经营决策演练，切实提升分析问题直达本质与系统思考根除问题的能力。

第二节　思维创新-问题分析与解决之道沙盘模拟实战流程及核心知识点

思维创新-问题分析与解决之道沙盘模拟实战流程，如图 6-1 所示。

组建经营管理团队 ⇒ 收集信息，制定目标 ⇒ 制定经营方案，配置资源 ⇒ 展开市场竞争 ⇒ 财务统计 ⇒ 期末总结 ⇒ 讲师点评

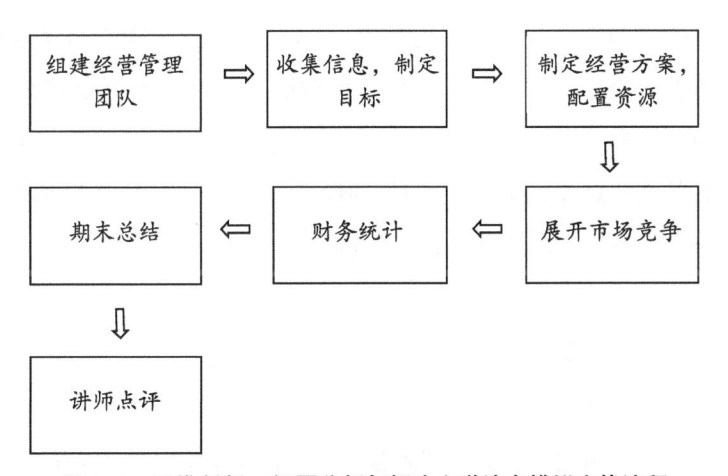

图 6-1　思维创新-问题分析与解决之道沙盘模拟实战流程

一、组建经营管理团队

运营一家企业需要各种各样的资源，其中人力资源是极其重要的资源，没有人力资源则其他资源的运用无从谈起，一支优秀的管理队伍是企业的资产，一支平庸的管理队伍则会成为企业的负债。在这一环节，将成立由总经理以及财务部经理、销售部经理、生产部经理等各部门负责人组成的经营管理团队，大家群策群力、团结一致实现组织的目标。

二、收集信息，制定目标

1. 信息收集

信息收集是一项非常重要的工作，所有的决策都依据获得信息的准确性、及时性、全面性。在这一环节，各个公司需要熟悉模拟行业基本信息，以购买报告的形式进行调研。

2. 制定目标并建立目标体系

目标是公司各级员工在一定期限内奋斗的具体方向，具有凝聚力作用。建立目标体系就是要将公司的远景规划和业务使命转换成明确具体的业绩目标，从而使公司的发展过程有一个可以衡量的标准。好的目标体系能够使公司的各级执行者在采取行动时方向更加明确、努力更有成效。任何一家公司都同时需要战略目标体系和财务目标体系。目标的设定一般要符合 SMART 原则。各个公司在这一环节将制定经营目标，如市场占有率、收入、利润等。

三、制定经营方案，配置资源

把公司目标、战略、资源分解到各个部门，这里主要涉及决策方式、解决问题的能力以及培育创新性。

1. 核心知识点学习

（1）创新。

创新是以现有的思维模式提出有别于常规或常人思路的见解为导向，利用现有的知识和物质，在特定的环境中，本着理想化需要或为满足社会需求而改进或创造新的事物，包括但不限于各种产品、方法、元素、路径、环境、服务等，并能获得一定有益效果的行为。

（2）思维。

思维最初是指人脑借助于语言对事物的概括和间接的反应过程，后泛指人们用头脑进行逻辑推导的属性、能力和过程。思维以感知为基础又超越感知的界限。通常意义上的思维，涉及所有的认知或智力活动。它探索与发现事物的内部本质联系和规律性，是认识过程的高级阶段。

（3）创新思维。

创新思维主要是指发散性思维，在遇到问题时能从多角度、多层次、多结构去思考，去寻找答案，不受传统方法的束缚。它解决问题的方法不是单一的，而是在多种方案、多种途径中去探索、分析和选择。

①创新思维的特点。

创新思维具有独创性、求异性、联想性、深刻性、独特性、批判性、敏捷性和灵活性等特点。

②常见创新思维障碍。

包括习惯型思维障碍、直线型思维障碍、权威型思维障碍、从众型思维障碍、自我中心型思维障碍。

③打破思维障碍的方法。

习惯型：打破对经验习惯的依赖与崇拜，将经验转变为创新。

直线型：发散思维，多角度思考。

权威型：先来一番彻底的审查，尊重而不是迷信。

从众型：克服从众心理，坚持自我。

自我中心型：跳出自我的框架，多从他人角度考虑。

④创新思维训练的原则。

一是多视角看问题。视角指看待事物或思考问题的角度，也称为眼光、眼界。创新思维是一种多视角的思维，是一种开放的、搜索空间很大的发散思维。它鼓励从多种不同角度研究同一问题，观察同一现象，思考同一对象，从而有许多新发现、新创意。

二是寻求多种答案。创新思维的核心是发散思维，对任何问题都不追求或局限于一个答案。对创新来说，要尽可能有多种方案，从中找出一个最好的。有多种答案是前提，然后才能从中找出最好的。

三是突破思维定势：人的思维有一种定势，即碰到什么问题，总喜欢用老经验、老眼光去看待。要敢于和善于打破思维惯性或思维定势。

四是重视意外发现。当有意外发现时要认真地去研究它，这种无意中得到的发现往往会在发明创造中显出奇迹。关键是要重视它，抓住不放。

五是增强探索意识。探索问题除了有思维惯性阻力之外，还有一个阻力，那就是人的惰性，而惰性很难克服，它涉及人性。

⑤创新思维八种类型。

即发散思维、否定思维、逆向思维、替代思维、多路思维、物极思维、跟踪思维、心理思维。

（4）问题。

问题是需要研究讨论并加以解决的矛盾、疑难。

①问题的类型。

根据问题的条件和目标是否被明确界定，可以将问题划分为定义良好的问题和定义不良的问题两类。当给定的信息和要求达到的目标状态都很明确时，这种问题就是定义良好的问题。相反，给定的条件或目标没有清楚说明或对两者都没有规定的问题，就是定义不良的问题。一般来说，定义良好的问题较易解决，而定义不良的问题较难解决，解决这类问题往往需要创新性思维。

根据紧急与重要程度，可以将问题划分为不紧急不重要的、紧急但不重要的、紧急且重要的、重要但不紧急的。

根据预见性，可以将问题划分为可预见的、不可预见的。

根据内容层级，可以将问题划分为战略性问题、管理性问题、业务性问题。

②对问题的三种反应。

消极退缩型：遇到问题障碍时，会盯着问题，陷入问题的漩涡中，感到挫败，不知如何是好，在内心中一直告诉自己"我没办法应付""这不是我能克服的"，然后就放弃了。

冲锋陷阵型：遇到问题障碍时，不管其他的因素，只是埋头设法找答案解决问题，他们会激励自己"不管多么困难，我都要跨过去。如果自己做不到就去找工具、搬救兵，不管怎样，一定要克服它"，而没有进一步去思考这个问题到底与目标达成有何关联，解决它是否有助于策略的执行，经常看到的结果是花费许多心力及资源在"次要"的工作上。

积极思考型：遇到问题障碍时，会先告诉自己"在我解决这个问题时，我要找个能眺望全局的有利位置，看看解决问题跨越障碍的好处是什么。如果值得，我就竭尽所能，不计辛劳去克服它"，同时会思考这些问题和策略执行的关系，找出必要且优先的点，集中资源先去解决突破，而不是看到影子就开枪。

③问题管理六步法。

第一步，问题意识——不可能没有问题。

第二步，预测问题——哪里会出现问题。

第三步，发现问题——要及时找到问题。

第四步，分析问题——揭露问题的实质。

第五步，解决问题——优化解决的方案。

第六步，防范问题——消除或是标准化。

④PDCA（Plan，计划；Do，执行；Check，检查；Action，处理）循环法。

第一，找出问题。分析现状，找出存在的问题，包括产品（服务）质量问题及管理中存在的问题。尽可能用数据说明，并确定需要改进的主要问题。

第二，分析原因。分析产生问题的各种影响因素，尽可能将这些因素都罗列出来。

第三，确定主因。找出产生问题的主要因素。

第四，制定措施。针对产生问题的主要因素制定措施，提出改进计划，并预计其效果。

第五，执行计划。按既定的措施计划进行实施。

第六，检查效果。根据措施计划的要求，检查、验证实际执行的结果，看是否达到了预期的效果。

第七，纳入标准。根据检查的结果进行总结，把成功的经验和失败的教训都纳入有关标准、规程、制度之中，巩固已经取得的成绩。

第八，遗留问题。根据检查的结果提出这一循环尚未解决的问题，分析因采取措施进行改进造成的新问题，把它们转到下一次 PDCA 循环的第一步去。

⑤ "8D"（Eight-Disciplines）团队导向问题解决法。

D1，成立改善小组：由议题相关人员组成，通常是跨功能性的，说明团队成员间的彼此分工方式或担任的责任与角色。

D2，描述问题：将问题尽可能量化而清楚地表达，并能解决中长期的问题而不只是眼前的问题。

D3，实施及确认暂时性的对策：对于解决问题需要采取的立即、短期行动，以避免问题扩大或持续恶化。

D4，原因分析及验证真因：寻找发生问题的真正原因、说明分析方法、使用工具的应用。

D5，选定及确认长期改善行动效果：拟订改善计划、列出可能的解决方案、选定与执行长期对策、验证改善措施，清除问题发生的真正原因，通常以一个步骤一个步骤的方式说明长期改善对策。

D6，改善问题并确认最终效果：执行 D5 后的结果与成效验证。

D7，预防再发生及标准化：确保问题不会再次发生的后续行动方案，分享知识和经验等。

D8，规划未来方向：若上述步骤完成后问题已改善，在肯定改善小组的努力基础上规划未来改善方向。

⑥头脑风暴法。

准备阶段：包括产生问题，组建头脑风暴小组，选择主持人。

热身阶段：进行热身活动，使与会者能迅速放松心理。

明确问题：主持人向大家介绍要讨论的问题，对问题进行分析。

自由畅想：围绕上述问题自由畅谈各种创造性设想。

评价与发展：会后可组织专门的小组，召开二次会议选择优化解决方案。

⑦解决问题的重要条件。

一是共同的愿景，它能够在组织中鼓舞人心，产生凝聚作用，也是一个组织走向长远的基本保障。

二是共同的目标，它能够为工作指明方向，具有维系组织中各个方面关系的作用。

三是建立团队精神，建立团队精神的前提是"以德为先"，社会公德、职业道德、个人品德同等重要。

四是合作、协调，团队合作与协调的前提是充分的沟通，良好的沟通的前提是共同语言，共同语言产生的前提是共同的理想、价值观和使命感。

（5）决策

决策是指组织或个人为了实现某种目标而对未来一定时期内有关活动的方向、内容及方式的选择或调整的过程，实际上就是在诸多方案中进行选择。一般企业管理者会把40%以上的时间花费在各种会议上，会议中的大部分时间都用于确定问题，找到解决问题的方案以及决定如何实施选定的方案，这就是决策的过程。

①决策的分类。

按决策的层次，可分为战略决策、管理决策和业务决策。战略决策即关系企业或组织未来发展方向与远景的全局性、长远性的施政方针方面的决策；管理决策即执行战略决策过程的决策，重点是解决如何组织动员内部资源的具体问题；业务决策即日常业务活动中为提高工作效率与生产效率，合理组织业务活动进程所做出的决策。

按决策发生的频率，可分为程序化决策和非程序化决策。程序化决策指能够运用例行方法解决的重复性决策，处理这类问题不需要确定决策标准及其权重，也不需要列出一系列可能的解决方案，管理者只需求助于一个系统化的程序、规则、制度或政策即可；非程序化决策指对于独一无二的、不重复发生的、没有事先准备好的解决方法可循的、结构不良问题的决策，如决定是否与另一组织合并，如何重组以提高效率，或是否关闭一个亏损的产品线，这些都是非程序化决策。

按照参与决策的人数，可分为个体决策与群体决策。个人决策是指决策机构的主要领导成员通过个人决定的方式，按照个人的判断力、知识、经验和意志所做出的决策（其优缺点参见第二章）。独断决策是个体决策的一种特殊形式，是指在选定最后决策方案时，由最高领导最后做出决定的一种决策形式。其优点是决策迅速、责任明确，而且能够发挥领导个人的主观能动性；其缺点是受领导个人自身的性格、学识、能力、经验、魄力等因素的制约。群体决策是指由两个或者两个以上的人组成的决策集体所做出的决策。群体决策时，每个成员必须能够使集体中的其他成员听到并了解自己的意见；每个成员必须能够并且愿意接受最后的决策或解决方案；每个成员必须对他在执行决策或者完成解决方案中的角色许下承诺。群体不宜过大，小到 5 人，大到 15 人即可。有证据表明，5~7 人的群体在一定程度上最有效，这涉及管理幅度。

②决策的效果和效率。

第一，独断决策是最高效的决策形式。

第二，群体决策在一般情况下效果更好。

第三，在决定是否采用群体决策时，主要考虑的是效果的提高是否足以抵消效率的损失。

③问题、决策类型与组织层次的关系。

问题、决策类型与组织层次的关系，如图 6-2 所示。

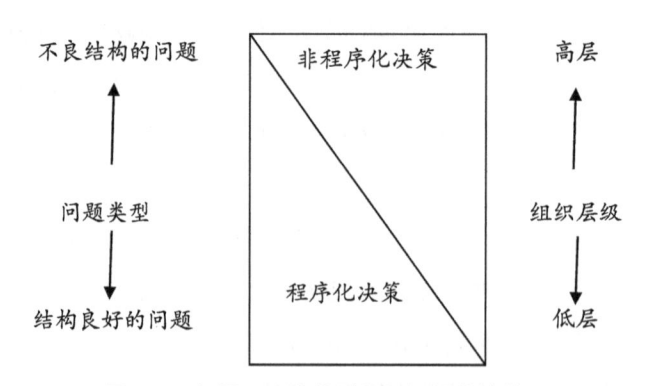

图 6-2　问题、决策类型与组织层次的关系

④决策中反馈的作用。

一个人对自己正在做的事情过于投入，会失去应有的判断力和客观性。因此，他人的反馈是决定一个组织决策水平的重要因素。

反馈的"三副面孔"：一是否定式反馈，告诉别人哪里出了错。否定式反馈是最令人不快的反馈，它往往是直言不讳地指出决策中的错误而毫不顾忌他人的感受。当我们用评判的眼光看待事物时，通常只会关注那些在我们看来是错误的地方。否定式反馈经常会造成防御性的反应和彼此关系的疏远。二是抚慰式反馈，提出肯定意见，含糊其辞，不发表任何批评意见。严格来讲，抚慰式反馈根本不是真正意义上的反馈，它实际上是在敷衍方案的提出者，进而避免产生冲突。抚慰式反馈实质上是一种鼓励或者奉承。三是交流式反馈，明确需要讨论的内容，给出具体的肯定或否定的反馈意见，把焦点放在问题、方案或行动上，而不是放在一个人的性格或能力上。交流式反馈是一种复杂的交流模式，它兼顾了反馈的两难问题。交流式反馈的步骤是澄清事实，正面评价，提出担心和建议。

传统组织中的反馈缺陷：在管理沟通中，否定式反馈总是占据主导地位，许多团体和组织容易形成一种否定的文化氛围。抚慰式反馈是担心否定式反馈破坏团结情况下形成的安抚式的文化氛围。安抚式文化氛围确实比否定式文化氛围更让人心情愉快，但难于发挥建设性作用，甚至没有什么价值。

⑤科学决策的基本要素。

一是决策者。决策者可以是一个人，也可以是一个集体。它是进行科学决策的基本要素，也是诸要素中的核心要素和最积极、最能动的因素。它是决策成败的关键。

二是决策者的智力结构。智力结构是指为了发挥组织的特定功能而将具有不同智力的人有机组合起来所形成的结构。具有合理的智力结构的决策集团应达到知识互补、能力迭加、性格包容、梯型年龄、性别搭配。

三是决策者的思维方法。思维是人们心理活动的核心，是人脑对客观现实的反映。对于成功的决策者来说，良好的思维应具有深刻性、敏捷性、灵活性和创造性的特征。

⑥科学决策的基本原则。

第一,信息准确全面原则。

第二,多方案对比择优原则。

第三,深度论证原则。

第四,系统平衡原则。

⑦科学决策的发展趋势。

第一,个人决策向群体决策发展。

第二,定性决策向定性与定量结合的决策发展。

第三,单目标决策向多目标综合决策发展。

第四,管理决策发展为为更远的未来服务的战略决策。

⑧决策制定步骤

决策制定过程的八个步骤,如图6-3所示。

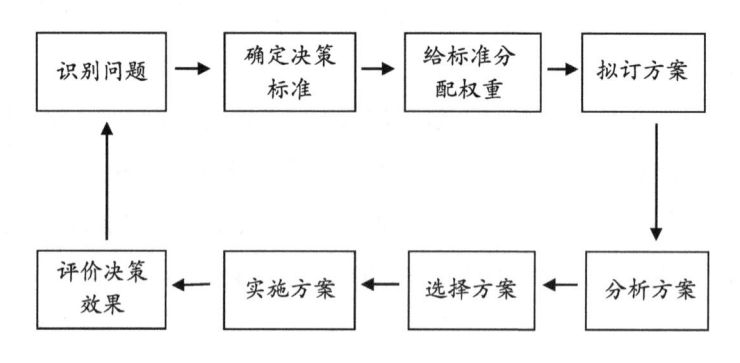

图 6-3 决策制定过程的八个步骤

步骤一,识别问题。决策制定过程始于一个存在的问题,或更具体一些,存在着现实与期望状态之间的差异。例如,买新车的决策来自"我需要有一辆车"和"现有的车不能使用"这一事实间存在着差异。

步骤二,确定决策标准。管理者一旦确定了需要解决的某个问题,则对于解决问题中起重要作用的决策标准也必须加以确定,即必须确定什么因素与决策相关。例如,在买车的例子中,必须评价什么因素与此项决策相关,如价格、型号、体积、厂家、能耗、返修率等。

步骤三，给标准分配权重。为了在决策中恰当地考虑各种标准的优先权，首先需要明确标准的重要性。一个简单的方法就是给最重要的标准打 10 分，然后依次给余下的标准打分，如表 6-1 所示。

表 6-1　买车决策的标准及权重

标准	重要性（权重）
价格	10
车内舒适性	8
耐用性	5
维修记录	5
性能	3
操纵性	1

步骤四，拟订方案。这一步骤要求决策者列出能成功解决问题的可行方案。在这一步骤中决策者无须评价方案，仅需列出即可。

步骤五，分析方案。方案一旦拟订后，决策者必须评价性地分析每一方案。这些方案经过与步骤二、三所描述的标准及权重的比较后，每一方案的优缺点就变得明显了。

步骤六，选择方案。从所列的评价的方案中选择最优的方案，即选择步骤五中得分最高的方案。

步骤七，实施方案。实施是指将决策传递给有关人员并解决决策问题。如果执行决策的人参与了决策制定过程，那么他们执行的热情会更高。

步骤八，评价决策效果。评价决策是否已解决了问题，也就是步骤六选择的和步骤七实施的方案是否取得了理想的结果。如果在评价中发现问题依然存在，那么管理者需要分析错误出现的原因：是没有正确认识问题吗？是在方案评价中出错了吗？是实施不当吗？对此类问题的回答驱使管理者追溯前面的步骤，甚至需要重新开始整个决策过程。

2. 实战演练

各个公司采用创新方法制定各部门计划以及各项决策，如贷款计划、采购计划、生产计划、人力资源计划等，合理分配资源。

四、展开市场竞争

各个公司之间展开市场竞争，这一步骤涉及一些具体营销策略问题，比如价格战、广告战等。

（1）制定产品销售价格。

（2）决定是否做广告宣传。

（3）确定是否设立账期。

（4）争抢订单。

五、财务统计

财务统计也就是统计经营成果，包括市场占有率、收入、利润等指标。

（1）统计公司产品市场占有率。

（2）统计营业收入、成本费用、投资收益、营业外收入、营业外支出等。

（3）计算利润。

六、期末总结

每个公司总结当年在经营决策、处理问题过程中的得与失，为下一年度的发展打好基础。

七、讲师点评

讲师紧紧围绕应用创新思维解决各种问题这一主题对每家公司的经营状况进行——分析，指出成绩，也指出不足，大家一起学习、一起进步。

第三节　思维创新-问题分析与解决之道沙盘模拟实战试题

一、判断题

（1）创新思维要打破思维定势。

　　□对　　□错

（2）根据紧急与重要程度将问题分为以下几类：不紧急不重要的、紧急但不重要的、紧急且重要的、重要但不紧急的。

　　□对　　□错

（3）对问题的三种反应有消极退缩型、冲锋陷阵型、积极思考型。

　　□对　　□错

（4）问题管理六步法是预测问题、发现问题、分析问题、解决问题、防范问题。

　　□对　　□错

（5）管理层级越高，非程序化决策越多。

　　□对　　□错

（6）科学决策的基本原则包括信息准确全面原则、多方案对比择优原则、深度论证原则、系统平衡原则。

☐对　☐错

（7）群体决策是由两个或者两个以上的人组成的决策集体所做出的决策。

☐对　☐错

（8）对决策反馈的"三副面孔"，即否定式反馈、抚慰式反馈、交流式反馈。

☐对　☐错

（9）独断决策是最高效的决策形式。

☐对　☐错

（10）群体决策一般情况下效果更好。在决定是否采用群体决策时，主要考虑的是效果的提高是否足以抵消效率的损失。

☐对　☐错

二、思考题

（1）决策制定过程的八个步骤是什么？

（2）科学决策的发展趋势是什么？

（答案见附录六）

第七章

高效时间管理沙盘模拟实战

【时间】
逝者如流水,光阴似转梭。
人生何其短,奋进莫蹉跎。

第一节 高效时间管理沙盘模拟实战说明

高效时间管理沙盘模拟实战旨在通过运用现代沙盘教学方法，构建管理者的简洁工作思维，树立管理者的时间意识和科学的时间管理方法，提升管理者的工作效率，培养管理者在解决复杂任务时的快速响应能力。

一、培训的意义

模拟经营中，每个团队都将遭遇各种各样的危机、约束、压力和挑战，参加培训的学员就是在经历模拟团队 3~4 轮达成工作任务的成功与失败过程中，得以培养时间管理能力，领悟高效率的来源和真谛。每一轮实战结束后，学员们都将通过对团队当年工作进度的盘点与总结，反思时间管理成败，梳理时间管理思路，暴露时间管理误区，并通过多次调整与改进的练习，切实提高时间管理能力。

二、培训课程大纲

培训对象：企业中高层经理
培训规模：20~40 人
授课时间：2~3 天（12~18 学时）

1. 时间管理基础知识

时间是什么？

我们整天在忙什么？

时间的特性是什么？

效率与效果有何区别？

2. 时间失控的原因

为什么人人都喊累？

为什么时间总是不够用？

为什么每个部门都在赶时间？

为什么大家都用忙乱进行自我夸耀？

3. 时间管理的 N 个方法

（1）效率高手的成长路径——意志力、认识和习惯。

（2）制定清晰的长期及近期目标并有效分解。

（3）战略是纲，纲举目张。

（4）明确关键成功因素——要事第一。

（5）了解时间的真谛——时间是生命的灵魂。

（6）贪婪吮吸生命的魔鬼——拖延。

（7）磨刀不误砍柴工——做好最充分的准备。

（8）返工是最大的时间黑洞——寻求零误差。

（9）没有时间要求的工作是不明确的任务。

（10）优秀的习惯——整洁、有条理、有逻辑、有紧迫感。

（11）成功的人都是快节奏。

（12）看看谁在主导你的生命——寻找浪费你时间的人。

（13）PDCA 管理循环——有始有终，螺旋上升。

（14）时间监理——记录和整理工作笔记。

（15）给自己制定渐进的效率提升目标。

（16）时间管理的高点——主导高效会议。

（17）科学区分重要与紧急。

（18）重要与紧急的转变。

4. 时间管理的意义

（1）时间就是金钱。

（2）一生的时间是短暂的。

（3）世上最公平的恐怕就是时间。

（4）利用好时间才能体现生命的价值。

第二节　高效时间管理沙盘模拟实战流程及核心知识点

高效时间管理沙盘模拟实战流程，如图 7-1 所示。

组建经营管理团队 ⇒ 收集信息，制定目标 ⇒ 制定经营方案，配置资源 ⇒ 展开市场竞争 ⇐ 财务统计 ⇐ 期末总结 ⇒ 讲师点评

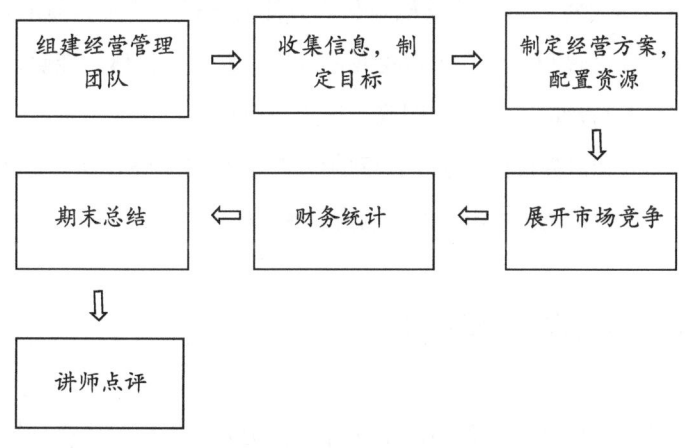

图 7-1　高效时间管理沙盘模拟实战流程

一、组建经营管理团队

运营一家企业需要各种各样的资源，其中人力资源是极其重要的资源，没有人力资源则其他资源的运用无从谈起，一支优秀的管理队伍是企业的资产，一支平庸的管理队伍则会成为企业的负债。在这一环节，将成立由总经理以及财务部经理、销售部经理、生产部经理等各部门负责人组成的经营管理团队，大家群策群力、团结一致实现组织的目标。

二、收集信息，制定目标

1. 信息收集

信息收集是一项非常重要的工作，所有的决策都依据获得信息的准确性、及时性、全面性。在这一环节，各个公司需要熟悉模拟行业背景信息，以购买报告的形式进行调研。

2. 制定目标并建立目标体系

目标是公司各级员工在一定期限内奋斗的具体方向，具有凝聚力作用。建立目标体系就是要将公司的远景规划和业务使命转换成明确具体的业绩目标，从而使公司的发展过程有一个可以衡量的标准。好的目标体系能够使公司的各级执行者在采取行动时方向更加明确、努力更有成效。任何一家公司都同时需要战略目标体系和财务目标体系。目标的设定一般要符合 SMART 原则。各个公司将在这一环节制定经营目标，如市场占有率、收入、利润等。

三、制定经营方案，配置资源

制定经营方案以及各个部门的工作计划，把公司目标、战略分解到各个部门，合理配置资源。这里主要涉及时间管理。

1. 核心知识点学习

（1）时间。

时间是物质的永恒运动、变化的持续性、顺序性的表现，包含时刻与时段两个概念。

（2）时间管理。

时间管理是指通过事先规划和运用一定的技巧、方法与工具实现对时间的灵活及有效运用，从而实现个人或组织的既定目标的过程。

（3）时间管理理论。

①时间管理的第一代理论着重利用便条与备忘录，在忙碌中调配时间与精力。

②时间管理的第二代理论强调行事历与日程表，反映出时间管理已注意到规划未来。

③时间管理的第三代理论是正在流行的讲求优先顺序，也就是轻重缓急的观念。

④目前有时间管理的第四代理论出现，与以往截然不同的是，它根本否定"时间管理"这个名词，主张关键不在于时间管理，而在于个人管理，与其着重于时间与事务的安排，不如把重心放在维持产出与产能的平衡上。

（4）二八定律拓展。

二八定律的核心内容是生活中 80% 的结果几乎源于 20% 的活动。比如，是那 20% 的客户给你带来了 80% 的业绩，可能创造了 80% 的利润；世界上 80% 的财富是被 20% 的人掌握着，世界上 80% 的人只分享了 20% 的财富等。因此，要把注意力放在 20% 的关键事情上。根据这一原则，我们应当对要做的事情分清轻重缓急，进行如下的排序。

①重要且紧急（比如救火、抢险、救死扶伤等）——必须立刻做。

②重要但不紧急（比如人生规划、学习、做计划、与人谈心、体检等）——只要是没有前一类事的压力，就应该当成紧急的事去做，而不是拖延。

③紧急但不重要（比如有人因为打麻将"三缺一"而紧急约你、有人突然打电话请你吃饭等）——只有在优先考虑了重要的事情后，再来考虑这类事。人们常犯的毛病是把"紧急"当成优先原则，其实许多看似很紧急的事，拖一拖，甚至不办，也无关大局。

④既不紧急也不重要（比如娱乐、消遣等事情）——有闲工夫再去做。

（5）个体时间管理。

不同的人对待时间的态度不同，就会有截然不同的一生。有人说普通人和高效能人士财富差异、工作效率差距的一个重要原因，就是对时间的分配和管理。越成功的人，对时间管理得越严格、越精确；越平凡的人，越不懂得也不重视对时间的管理。所谓时间管理，并不意味着要把所有的事情做完，而是指要高效率地运用时间；时间管理也不是要完全掌握自己的所有时间，而是要通过事先的规划，来减少工作和生活中的变动性和随意性。

（6）八个时间管理方法。

①坚决高效使用二八定律。

②利用好15分钟法则。很多人都没办法快速进入工作状态，一件事情常常要拖到最后才开始，如果你也是这样的人，那么15分钟法则很适合你：第一，明确自己要做的事情；第二，把所有干扰因素排除，让它们至少在15分钟内不来打扰你；第三，尝试把注意力放到要做的事情上并坚持15分钟；第四，15分钟后看自己是否能坚持，如果是，那么继续做，如果坚持不做，就放弃或者做其他事情。按这个方法实施15分钟后，你会发现原来没动力做的事情，现在很乐意去完成了，就像看一本书，原本没兴趣，偶然读到有意思的片段，想一口气把剩下的章节都读完。

③记录你的时间日志。写时间日志是一个不错的办法，你也可以把自己这一天做了什么用手机记录下来，一天结束后，看看自己一天内做了什么事，有哪些时间花在了无意义的事情上。具体方法如下：明确一天的任务，把计划要做的事情罗列出来；每完成一项任务，就记录好实际所花的时间；一天结束后，及时分析总结。

④学会最大限度地利用业余时间。其实人的差异主要产生在业余时间里，

因为个体很难自由支配上班时间。所谓业余时间就是可支配时间，即除去工作、睡眠等时间，一天中所剩下的其他可自由使用的时间，例如上下班路上的时间可以看书或者听书。

⑤六点优先原则。首先我们要将生活和工作中的大小事情进行排序，再挑选出六件事情，按照重要和紧急程度来依次完成。只要保证高质量地完成这六件事情，我们每一天的时间就能高效利用起来。例如，浏览专业网站一小时，阅读书籍一小时，写文章一篇，更新培训资料，整理专家访谈内容，更新公众号图片等。

⑥剥洋葱法。就像剥洋葱一样，先将大目标分解成一个个小目标，再把每一个小目标分解成若干个更小的目标，直至分解到最后一步。比如看一本书，先看这本书有多少页，假如有 100 页，预备在一周看完，那每天都要看 15 页。又或者准备这一年写 200 篇文章，一年 12 个月，每个月大概写 16 篇，那每周就最少要写 4 篇。

⑦吞青蛙法。首先，我们可以从每日、每周、每月中找出一些必须攻克的问题，列举出来，找出其中三件最重要的事情，这就是我们要吞掉的青蛙。其次，有好几只青蛙的时候，先吞下最丑的那只，也就是说要从最困难的这件事情下手，如果最困难的事情能顺利解决，那解决后面的问题就会信心倍增，有助于所有问题的顺利解决。最后，如果碰到特别棘手的事情可能一下子解决不了，这时候可以把青蛙切分一下，也就是把任务分解成一个个小任务，每次只需要罗列当天可以完成的那一部分就可以了。

⑧将小事集中起来处理。我们要学会支配自己的时间，不能被各种杂乱的工作所左右，一些无关紧要的事可以放在一起，安排一个固定的时间集中处理，把宝贵的时间用在最值得花费的地方。一是快速判断完成每件小事的价值，需要花费的时间以及合适的处理时间；二是将这些琐碎事情按照重要和紧急程度进行排序，重要的事情要先处理，不太重要的事情要先放一放，待有时间了再与其他事情一起解决；三是不过度追求完美。

（7）GTD 时间管理方法。

GTD（Getting Things Done）时间管理方法来自美国人戴维·艾伦的一本畅

销书《搞定 I：无压工作的艺术》，其具体做法可以分为收集、整理、组织、回顾与行动五个步骤。

①收集。就是将你能够想到的所有的未尽事宜（书中称为 stuff）统统罗列出来，放入 inbox（收件箱）中，收集的关键在于把一切赶出你的大脑，记录下所有的工作。

②整理。将 stuff 放入 inbox 之后，就需要定期或不定期地进行整理，清空 inbox。将这些 stuff 按是否可以付诸行动进行区分整理，对于不能付诸行动的内容，可以进一步分为参考资料、日后可能需要处理以及垃圾几类，而对可以行动的内容再考虑是否可在两分钟内完成，如果可以则立即行动完成它，如果不行，则对下一步行动进行组织。

③组织。组织是 GTD 中最核心的步骤。组织主要分为对参考资料的组织和对下一步行动的组织。对参考资料的组织主要就是一个文档管理系统，而对下一步行动的组织则一般可分为下一步行动清单、等待清单和未来/某天清单。下一步清单是具体的下一步工作，而且如果一个项目涉及多步骤的工作，那么需要将其细化成具体的工作。GTD 对下一步清单的处理与一般的 To-Do List（待办事项处理程序）最大的不同在于，它做了进一步的细化，比如按照地点（电脑旁、办公室、电话旁、家里、超市）分别记录只有在这些地方才可以执行的行动，而当你到这些地点后也就能够一目了然地知道应该做哪些工作。等待清单主要是记录那些委派他人去做的工作。未来/某天清单则是记录延迟处理且没有具体的完成日期的未来计划等。

④回顾。回顾也是 GTD 中的一个重要步骤，一般需要每周进行回顾与检查，通过回顾及检查你的所有清单并进行更新，可以确保 GTD 系统的运作，而且在回顾的同时可能还需要制作未来一周的工作计划。

⑤行动。根据时间的多少、精力状况以及重要性来选择清单上的事项开始行动。

实现 GTD 的主要工具：一是在线（资源很多，可以直接查找）；二是纸 + 笔（GTD 笔记本）。

(8)管理时间的五个简单技巧。

①列清单。可以在前一天晚上把所有第二天要做的大大小小的事情列出来，可以具体到什么时间段做什么事情，然后把最重要的事情放在最前面。

②提高工作效率。我们可以根据清单来管理工作效率，另外，想要提高工作效率则要有一定的专注性，只有专注的时候才能更加用心地做好一件事，也不会受到别人的影响。

③利用好碎片化时间。利用碎片化时间能完成许多碎片化事情，而不应该拿来消遣。

④拒绝拖延症。拖延症是一种短期的快乐享受，很多人明明知道拖延不好还是会习惯地拖延，如果不改掉拖延的习惯，那么对于时间管理是很不利的，即使你已经列出了日程清单，也不一定能够按时根据清单去完成事务。

⑤早睡早起。早睡早起是一切的前提，只有养足精神才能应对一整天的工作。

(9)组织时间管理。

任何企业在正常经营过程中都需要多种资源，有些是显而易见的，诸如厂房、设备以及资金等，有些则是容易被人视而不见的，如时间，而时间恰恰又是最宝贵、最有限的。所以，企业需要重视时间的使用。在现代管理学奠基人彼得·德鲁克的《卓有成效的管理者》一书中提到，管理者有效性的基础是记录时间、管理时间、统一安排时间。

(10)团队协作。

企业由各个部门组成，每个部门都为企业创造价值。哈佛大学迈克尔·波特教授开发的企业内部价值链清晰地表明了这一点，并概括了每个部门不同的重要性，而关键在于部门之间的协作。团队协作是指为了实现团队目标、完成任务时所显现出来的自愿合作和协同努力的精神和行为。

①团队协作的重要性：团队协作有利于提高企业的整体效能；团队协作有助于企业目标的实现；团队协作是企业创新的巨大动力。

②团队协作基础：团队目标；建立信任；分工合作；良性冲突；顺畅沟通。

③团队协作的要点：群策群力；资源共享；互相激励。

④团队协作需要注意的问题：一是领导者要合理地、适时地组织协调。领

导者掌握着一个单位（或部门）的全面情况，了解各项目标实施过程中出现的问题。根据这些情况和问题，要适时地出面组织协作、调整力量，以保证各项目标均衡地发展。二是各个部门或个人要有全局观念，主动做好协作与配合。三是对制定的协作内容和临时承担的协作任务，应该以积极负责的态度去完成，因为这些任务和计划都是紧紧围绕着总目标、服从总目标的需要而确定的。四是协作过程中应注意协调性和一致性，否则很难达到一定的合作水平。五是协作过程中充分使用工作计划软件，能更好地提升协作效率。

（11）会议管理。

企业管理者有相当一部分时间用在会议上，如何让会议高效进行，节省大家的宝贵时间很值得研究。一般需要注意以下几项。

①确认会议目的以及具体目标。

②决定参会相关人员，包括召集人员、发言人员、参会人员、列席人员等。

③确认会议举办的时间、地点以及使用设备等。

④做好会议举办相关事宜：主持、记录、发言顺序、讨论环节、会议纪要形成与签字等。

⑤会后跟踪：安排专人督导执行相关决议，按计划推进落实相关项目。

⑥应对意外事件：如预防设备故障等。

⑦会议一定要杜绝"会而不议，议而不决，决而不做，做而无果，果而无益"的现象发生，遇到重要会议，为了达成结果还需要举办会前会。

（12）项目管理。

项目是指利用限定的资源及在限定的时间内需完成的一次性任务，具体可以是一项工程、服务、研究课题及活动等。项目管理是运用各种相关技能、方法与工具，为满足或超越项目有关各方对项目的要求与期望，所开展的各种计划、组织、领导、控制等方面的活动。合理地安排项目时间是项目管理中的一项关键内容，它要按计划促进工作、合理分配资源、发挥最佳工作效率以便保证项目按时完成。

①时间管理工作开始前，应该先完成项目管理工作中的范围管理部分。项目一开始首先要有明确的项目目标、可交付产品的范围定义文档和项目的工作

分解结构。由于一些是明显的、项目所必需的工作，而另一些则具有一定的隐蔽性，所以要以经验为基础，列出完整的完成项目所必需的工作，以此为基础才能制定出可行的项目时间计划，进行合理的时间管理。

②强化"第一时间"观念。"第一时间"观念至少应包括三方面的含义：一是严格遵守作息时间，在规定时间段内的"起始点"完成任务；二是充分地利用时间，不占用、不浪费任何一段时间；三是有效地利用时间，提高工作效率。

③建立一个"时间日志"，完整、准确地记录你的时间是怎样花费掉的。

④做好计划，督导进度。

⑤合理地使用工具如甘特图等。

（13）文件传达。

文件既是公司重要的工作内容，也是一种管理工具。很多文件内容都具有时效性，公司在传达文件时要考虑到不同层级人员获取文件内容的时间节点，以便于公司各项任务按时开展。

（14）现代管理工具的使用。

随着科技的进步，非面对面沟通成了很多企业的办公方式，要充分使用电子化、网络化工具以节约时间。

2. 实战演练

应用高效时间管理方法召开公司会议，制定经营方案、配置资源。

四、展开市场竞争

各个公司之间展开市场竞争，这一步骤涉及一些具体营销策略问题，比如价格战、广告战等。

（1）制定产品销售价格。

（2）决定是否做广告宣传。

（3）确定是否设立账期。

（4）争抢订单。

五、财务统计

财务统计也就是统计经营成果，包括市场占有率、收入、利润等指标。
（1）统计公司产品市场占有率。
（2）统计营业收入、成本费用、投资收益、营业外收入、营业外支出等。
（3）计算利润。

六、期末总结

每个公司总结当年在经营决策、时间管理过程中的得与失，为下一年度的发展打好基础。

七、讲师点评

讲师紧紧围绕时间管理这一主题对每家公司的经营状况进行一一分析，指出成绩，也指出不足，大家一起学习、一起进步。

第三节　高效时间管理沙盘模拟实战试题

一、判断题

（1）个人的时间无止境。

　　□对　　□错

（2）时间管理不重要。

　　　□对　　□错

（3）放弃时间的人，时间也会放弃他。

　　　□对　　□错

（4）时间管理有一些特定的方法。

　　　□对　　□错

（5）部门之间的合作可以以价值链作为基础。

　　　□对　　□错

（6）时间是重要的资源之一。

　　　□对　　□错

（7）团队协作的基础是团队目标、建立信任、分工合作、良性冲突、顺畅沟通。

　　　□对　　□错

（8）团队协作是提升组织效率的基本途径。

　　　□对　　□错

（9）做计划是提高效率的一种方法。

　　　□对　　□错

（10）拒绝拖延症是必要的。

　　　□对　　□错

二、思考题

请叙述现代管理工具在节约时间上的应用。

（答案见附录六）

第八章

领导力提升沙盘模拟实战

【领导力】
大雁随头列,平民拜圣人。
一麾天下众,皆由赤诚心。

第八章
领导力提升沙盘模拟实战

第一节　领导力提升沙盘模拟实战说明

领导力提升沙盘模拟实战旨在运用现代沙盘教学方法，强化管理者的领导能力与领导艺术，锻炼管理者领导下属、规划远景、执行战略、实施计划、控制偏差、调整行动、完成任务的能力。模拟经营中，学员将学习先进的领导方法，运用影响力凝聚团队智慧，在带领团队解决经营难题的过程中感悟领导力的实质和内涵，并通过3~4个年度的模拟实战，切实提升学员的团队领导能力。

一、培训的意义

（1）照镜子，正衣冠。对照模拟实战结果，验证以往形成的领导思想和方法，梳理思路、暴露误区。

（2）通过分析生动鲜活的现场案例，认识领导力的真正来源，及时反思现行领导与管理方式的有效性。

（3）通过模拟实战，有效提高学员的领导技能和领导艺术。

（4）通过开展战略指导下的模拟经营活动，认识领导能力对战略目标达成的重要意义。

（5）拓展管理视角，走出片面追求完美规划的局限，认识行动型领导对于组织能力提升的作用和价值。

（6）通过密集的经营决策，充分体验领导力和经营业绩的关系，深刻认识领导力对于企业发展的重要性。

二、培训课程大纲

培训对象：企业中高层经理

培训规模：24~50人

授课时间：2~3天（12~18学时）

1. 影响力的来源

（1）员工心目中的领导，好领导和坏领导的区别。

（2）扩大影响力三要素：领导能力、领导权力、领导风格。

（3）领导的六个特质：领导远见、领导热情、自我定位、人才经营、优先顺序、领导权力。

2. 统御技术

（1）两种不同的领导行为：指挥性行为、支持性行为。

（2）四种不同的领导风格：命令型、教练型、支持型、授权型。

（3）弹性运用两种不同的领导行为和四种不同的领导风格。

3. 教练技术

（1）我们为什么要教练下属——拥有技能才能达成目标、授人以渔的智慧、员工绩效方程式（知、愿、能、行）。

（2）创造成长的环境——激励员工的学习动机、营造教练的氛围和环境。

4. 激励技术

（1）工作动力中的内在动力和外在动力，影响动力的渠道和方法。

（2）各类型下属的激励技巧：指挥型、关系型、智力型、工兵型。

（3）学习运用丰富多彩的激励方法。

5. 授权技术

（1）授权是委派任务还是交出权力。

（2）领导者为什么不愿授权。

（3）授权的好处和风险。

（4）授权的步骤：确定任务、选择人员、明确沟通、跟踪检查。

6. 领导力提升的关键法则

（1）领导力决定一个人的成就水平。

（2）衡量领导力的真正尺度是影响力。

（3）领导力来自日积月累，而非一日之功。

（4）谁都可以掌舵，唯有领导者才能设定航线。

（5）领导者为他人提升价值。

（6）信任是领导力的根基。

（7）人们通常愿意追随比自己强的领导者。

（8）领导者善用领导直觉评估事务。

（9）你只能吸引和你相似的人，而无法吸引想要的人。

（10）领导者深知：得人之前必先得其心。

7. 从管理者走向领导者

（1）管理角色与领导角色的差异。

（2）管理者的角色定位。

（3）如何从普通的管理者成长为卓越的领导者。

第二节　领导力提升沙盘模拟实战流程及核心知识点

领导力提升沙盘模拟实战流程，如图 8-1 所示。

```
组建经营管理团队 ⇒ 收集信息，制定目标 ⇒ 制定经营方案，配置资源
                                              ⇓
讲师点评 ⇐ 期末总结 ⇐ 财务统计 ⇐ 展开市场竞争
```

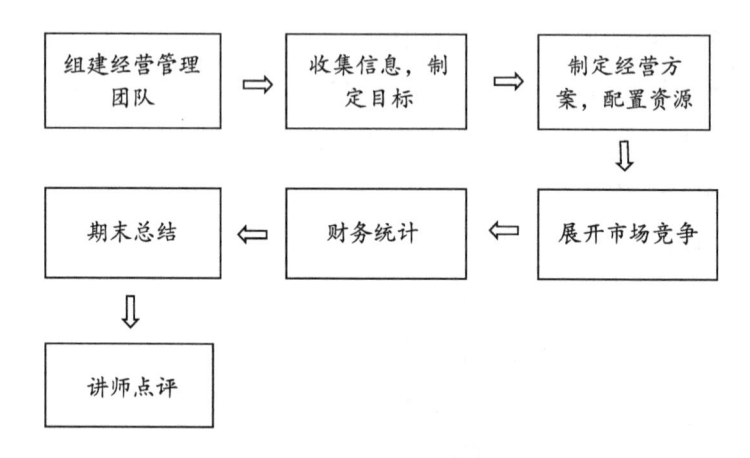

图 8-1　领导力提升沙盘模拟实战流程

一、组建经营管理团队

运营一家企业需要各种各样的资源，其中人力资源是极其重要的资源，没有人力资源则其他资源的运用无从谈起，一支优秀的管理队伍是企业的资产，一支平庸的管理队伍则会成为企业的负债。在这一环节，将成立由总经理以及财务部经理、销售部经理、生产部经理等各部门负责人组成的经营管理团队，大家群策群力、团结一致实现组织的目标。

二、收集信息，制定目标

1. 信息收集

信息收集是一项非常重要的工作，所有的决策都依据获得信息的准确性、及时性、全面性。在这一环节，各个公司需要熟悉模拟行业基本信息，以购买报告的形式进行调研。

2. 制定目标并建立目标体系

目标是公司各级员工在一定期限内奋斗的具体方向，具有凝聚力作用。建立目标体系就是要将公司的远景规划和业务使命转换成明确具体的业绩目标，从而使公司的发展过程有一个可以衡量的标准。好的目标体系能够使公司的各级执行者在采取行动时方向更加明确、努力更有成效。任何一家公司都同时需要战略目标体系和财务目标体系。目标的设定一般要符合 SMART 原则。各个公司将在这一环节制定经营目标，如市场占有率、收入、利润等。

三、制定经营方案，配置资源

制定经营方案以及各个部门的工作计划，合理分配资源，这里主要涉及领导力。

1. 核心知识点学习

（1）什么是领导力。

领导力就是一种能够激发团队成员热情与想象，整合大家的智慧与勇气，提升队员能力，改变队员心态，统领团队成员全力以赴，高效、完美地实现组织愿景、目标的能力。领导力体现为影响力，其性质是人际关系，其目的是实现目标，其基础是领导者的能力和品质。

（2）领导者的角色认知。

①运营负责者。

②策略规划者。

③团队带动者。

④目标管理者。

⑤人才培育者。

⑥问题解决者。

⑦绩效提升者。

⑧创新变革者。

⑨提前布局者。

⑩学习成长者。

（3）领导者（或领导力）的四个特点。

①领导者的关键定义是有追随者的人，如果无人追随，则不能称为领导者。

②领导者不是被人爱戴或者景仰的人，而是引领其追随者做正确的事情的人，广受欢迎不是领导力的主要判断标准，经营成果才是。

③领导者引人注目，因此他们能够树立榜样。

④领导力不是头衔、特权、职位或者金钱，而是责任。

（4）领导者具有的五种习惯。

詹姆斯·库泽斯认为，领导者一般具有以下五种习惯。

①共启愿景：展望未来、感召他人。

②以身作则：明确原则、树立榜样。

③使众人行：促进协作、团结他人。

④激励人心：认可贡献、庆祝胜利。

⑤挑战现状：寻找机遇、甘冒风险。

（5）卓越领导的五个特质。

①领导远见：具有前瞻性，站得高、看得远。

②领导热情：充满感召力，点燃自己、影响他人。

③自我定位：信心、责任心、真诚。

④人才经营：以人为本、做好教练、提升下属。

⑤优先顺序：逻辑性。

（6）四种不同的领导风格。

①命令型：紧急的、强迫的。

②教练型：长期的、技术的。

③支持型：信任的、系统的。

④授权型：可靠的、独立的。

（7）两种不同的领导行为。

①指挥性行为：指示、命令、监督完成任务。

②支持性行为：指导、示范、帮助解决困难。

（8）领导权力类型。

一是职位权力，即在组织中担任一定的职务而获得的权力，包括以下几种。

①合法权：组织中等级制度所规定的正式权力。

②奖赏权：决定提供还是取消奖励和报酬的权力。

③惩罚权：通过精神、感情和物质上威胁和强迫下属服从的权力。

二是非职位权力，包括以下几种。

①专长权：谁掌握了知识与专长，就有了影响别人的专长权，它源于信息和专业特长。

②个人魅力：建立在超然感人的个人素质之上，吸引并被别人欣赏。

③背景权：由于以往的经历而获得的权力。

④感情权：个体由于和被影响者的感情较为融洽而获得的权力。

（9）领导影响力的心理基础。

①对特定群体的归属心理。

②对杰出人物的崇拜心理。

③对行为表率的模仿心理。

④对权威的服从心理。

（10）领导影响力的构成。

一是领导权力性影响力，也称强制性影响力，这种影响力是由社会赋予个人的职务、地位、权力与资历等构成的。

二是非权力性影响力，也称自然性影响力或领导权威，即由领导自身素质形成的影响力，它是领导者威信的核心，如领导者的品质、作风、知识、能力、业绩以及榜样行为等非权力因素对下属形成的影响力。

（11）领导威信形成影响力。

领导威信就是指领导者在被领导者心目中的威望、信誉，它是使被领导者对领导者信任和服从的一种精神感召力。

①领导威信形成与巩固的方法：要求领导者正确地运用好手中的权力；领导者应努力创造第一流的业绩；确立适度目标，取信于人；领导者威信是动态发展的过程，要时刻进行提升。

②领导威信的作用：是领导者带领被领导者实现组织目标的前提；是做好思想工作的重要条件；是吸引人才的重要条件；使领导者与被领导者之间产生心理相容性；是领导者在逆境中带领被领导者战胜艰难险阻的重要条件。

③权力与威信的关系：其区别在于，领导权力是"权"的体现，它的核心是"权"，属于"硬"影响力；领导威信则是领导者行为和素养的体现，其核心是"威"，是"软"影响力。其联系在于，两种影响力是有机统一的，领导权力（硬）是领导影响力的前提，领导威信（软）是构成领导影响力的基础，合二为一即是权威。

④如何提高个人威信：以德服人；以情感人；以智赢人；以形悦人；以己正人。

（12）扩大影响力的三要素。

①领导权力——组织给予。

②领导能力——学习提高。

③领导风格——自我塑造。

（13）提高领导影响力的途径。

①正确使用权力性指导因素。

一是追求和使用积极的权力。积极的权力就是以组织和群体的进步为导向，产生积极的后果，充分调动群体的积极性，创造民主氛围，促进组织的发展。

二是不可滥用权力。

三是使用合法权力必须注意：用权审慎；具有无私精神，赏罚不避亲仇；要善于授权；具体指导，绝对不能"民可使由之，不可使知之"。

②正确使用非权力性影响力。

一是提高领导影响力，关键在于努力提高非权力性影响力。

二是在使用非权力性影响力时，要注意以品格、能力因素为主，知识、感情等因素为次。

三是品格因素一旦成了负值，其他因素必然会受到严重的影响，其总和可能是零。而在一个领导者的品格因素及格的情况下，决定非权力性影响力大小的主要在于能力因素。

（14）授权和教练。

①授权的目的：领导者通过为员工和下属提供更多的自主权，以达到组织的目标。

②授权的步骤：确定任务；选择人员；明确沟通；跟踪检查。

③教练的目的：帮助下属学习，而不是替下属去学习。

④教练下属的方法：授人以渔；员工绩效方程式（知、愿、能、行）；创造成长的环境；激励员工的学习动机；营造教练的氛围和环境。

⑤影响下属工作动力的方法：表扬、奖金、加薪、晋级等；上级的认同、授予重要任务、为其规划在组织中的未来位置等。

（15）领导力提升的关键法则。

①盖子法则：领导力决定一个人的成效水平。

②影响力法则：衡量领导力的真正尺度是影响力。

③过程法则：领导力来自日积月累，而非一日之功。

④导航法则：谁都可以掌舵，唯有领导者才能设定航线。

⑤增值法则：领导者为他人提升价值。

⑥根基法则：信任是领导力的根基。

⑦尊重法则：人们通常愿意追随比自己强的领导者。

⑧吸引力法则：你只能吸引和你相似的人。

⑨亲和力法则：领导者深知，得人之前必先得其心。

（16）管理和领导的关系。

①管理和领导的区别，如表8-1所示。

表8-1　管理和领导的区别

传统的管理	现代的领导
重在约束控制	重在激励鼓舞（人）
秩序的维持（事）	革新和突破（持续改进）
效率的提高	效果的追求
把已经决定的做正确	决定做正确的事情
依赖硬权力的运用	非权力性影响力的运用
规则的运用	领导艺术的运用

②管理和领导的联系：领导不足、管理过度，导致文牍（文件）主义、形式主义和官僚主义的泛滥；管理不足、领导过度，使组织的正常秩序得不到保证，创新成果难以巩固和发展。

（17）马斯洛需求层次理论与领导力。

马斯洛需求层次理论的主要内容包括生理需求、安全需求、归属与爱需求、尊重需求和自我实现需求（见图8-2）。马斯洛需求层次理论与领导力有着密切的关系，领导者需要了解员工的需求，并逐步满足他们的需求，以便员工更好地发挥自己的工作能力。同时，领导者需要避免只关注某些层次的需求而忽略其他层次的需求，以影响员工的工作热情和工作效率。

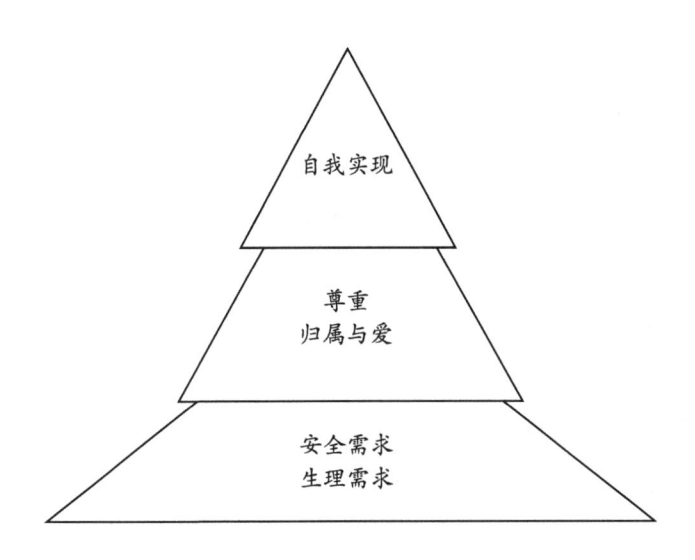

图 8-2 马斯洛需求层次理论

（18）领导的再认识。

领导是管理学的一部分内容，要完成现代社会的复杂性工作，不仅要有计划，还需要激情，不激发激情、创新，复杂工作难以完成，所以，领导越来越重要。往往有人把领导与管理对立起来，或者认为二者是两码事，其实不然。计划、组织、领导、控制被认为是管理的主要内容，计划、组织、控制这几项相对有理论、有方法、有模板并经过长期探索，而领导则具有艺术性，所以，有人把计划、组织与控制当成了管理的全部。如果在稳定简单的环境中，市场简单，规模较小，是可以的，目标可以达成。现在组织越来越复杂，任务越来越困难，成员越来越独立，是需要加强协作的时候，没有领导艺术将无法完成任务。因此，必须把领导力放在更高的位置上加以再认识。

2. 实战演练

总经理充分应用各种领导技术如授权、教练等，引领团队成员制定经营方案并分配资源。

四、展开市场竞争

各个公司之间展开市场竞争，这一步骤涉及一些具体营销策略问题，比如价格战、广告战等。

（1）制定产品销售价格。

（2）决定是否做广告宣传。

（3）确定是否设立账期。

（4）争抢订单。

五、财务统计

财务统计也就是统计经营成果，包括市场占有率、收入、利润等指标。

（1）统计公司产品市场占有率。

（2）统计营业收入、成本费用、投资收益、营业外收入、营业外支出等。

（3）计算利润。

六、期末总结

每个公司总结当年在经营决策、领导力提升过程中的得与失，为下一年度的发展打好基础。

七、讲师点评

讲师紧紧围绕领导力这一主题对每家公司的经营状况进行一一分析，指出成绩，也指出不足，大家一起学习、一起进步。

第三节　领导力提升沙盘模拟实战试题

一、判断题

（1）领导力是天生的，不能后天提升。

　　□对　　□错

（2）领导者的唯一定义是有自愿追随者的人，领导力是责任。

　　□对　　□错

（3）领导者的五种习惯是共启愿景、以身作则、使众人行、挑战现状、激励人心。

　　□对　　□错

（4）卓越领导的五个特质是领导远见、领导热情、自我定位、人才经营、优先顺序。

　　□对　　□错

（5）四种不同的领导风格，即命令型、教练型、支持型、授权型。

　　□对　　□错

（6）两种不同的领导行为，即指挥性行为、支持性行为。

　　□对　　□错

（7）扩大影响力的三要素，即领导权力、领导能力、领导风格。

　　□对　　□错

（8）管理和领导没有区别。

　　□对　　□错

（9）授权的步骤包括确定任务、选择人员、明确沟通、跟踪检查。

　　□对　　□错

（10）马斯洛需求层次理论包括生理需求、安全需求、归属与爱需求、尊重需求和自我实现需求。

　　□对　　□错

二、思考题

请论述对领导的再认识。

（答案见附录六）

第九章

企业成本管理与控制沙盘模拟实战

【成本】
笔子多锋利，还需匣子严。
贫家变富裕，一入一出间。

第九章 企业成本管理与控制沙盘模拟实战

第一节　企业成本管理与控制沙盘模拟实战说明

成本管理与控制沙盘模拟实战借助模拟企业的各项经营活动，阐释晦涩难懂的成本术语、解读纷繁复杂的成本构成，形象演绎企业资源的筹集、分配、转化原理，从而探索企业价值产生的根源，强化企业成本控制意识，提高资源运作效率。

一、培训的意义

通过 2~3 天的培训，让学员掌握成本控制方法，学习运用成本管理控制来确立竞争优势，并利用成本控制手段改进企业盈利水平。

二、培训课程大纲

培训对象：企业中高层经理、骨干员工
培训规模：20~40 人
授课时间：2~3 天（12~18 学时）

1. 成本管理概述

（1）成本的一般定义和内容。
（2）成本和业务量之间的关系。

（3）成本性态分析——固定成本、变动成本与半变动成本（混合成本）。

（4）本－量－利分析与项目可行性研究。

（5）战略成本管理的概念、内容和方法。

（6）战略成本管理的意义。

2. 成本控制基础知识

（1）成本控制的基本原则。

①全过程成本管理原则。

②全生命周期成本管理原则。

③可持续发展原则。

④二八定律。

⑤主动控制与被动控制相结合原则。

⑥工程成本管理的系统性原则。

（2）成本控制的基础工作。

（3）成本控制的逻辑脉路。

（4）成本控制的基本方法。

3. 期间费用的控制

（1）三项期间费用——销售费用、管理费用、财务费用。

（2）期间费用控制的意义——效率和效益。

（3）期间费用控制的方法——预算控制法、定额控制法、审批控制法。

（4）期间费用控制的误区——绝对控制、错位控制、预算陷阱。

4. 低成本优势战略

（1）三个典型竞争战略——差异化、低成本、聚焦。

（2）低成本优势获得的途径和方法。

（3）低成本优势的作用和意义。

（4）何时适合选择低成本战略。

（5）低成本在差异化战略中的必要性。

5. 成本效益分析

（1）成本效益分析的作用和意义。

（2）产值成本指标的分析。

（3）销售收入成本费用指标的分析。

（4）成本利润率指标的分析。

（5）成本控制的深层次认识。

6. 成本管理与控制的责任部门

（1）财务管理部门在成本管理与控制中的重要性。

（2）采购部门在成本管理与控制中的重要性。

（3）营销部门在成本管理与控制中的重要性。

（4）全员参与成本管理与控制的意义。

第二节　企业成本管理与控制沙盘模拟实战流程及核心知识点

企业成本管理与控制沙盘模拟实战流程，如图 9-1 所示。

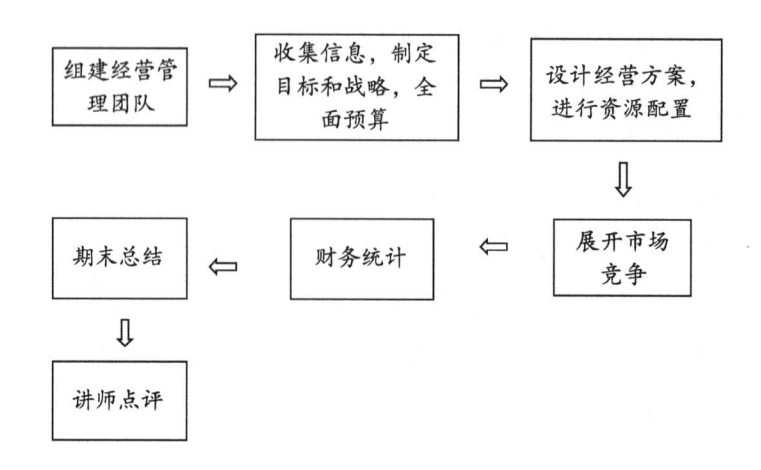

```
组建经营管理  ⇒  收集信息，制定    ⇒  设计经营方案，
团队              目标和战略，全        进行资源配置
                  面预算                    ⇓
期末总结    ⇐    财务统计       ⇐    展开市场竞争
  ⇓
讲师点评
```

图 9-1　企业成本管理与控制沙盘模拟实战流程

一、组建经营管理团队

运营一家企业需要各种各样的资源，其中人力资源是极其重要的资源，没有人力资源则其他资源的运用无从谈起，一支优秀的管理队伍是企业的资产，一支平庸的管理队伍则会成为企业的负债。在这一环节，将成立由总经理以及财务部经理、销售部经理、采购部经理、生产部经理等各部门负责人组成的经营管理团队，大家群策群力、团结一致实现组织的目标。

二、收集信息，制定目标和战略，全面预算

1. 核心知识点学习

（1）信息收集。

信息收集是一项非常重要的工作，所有的决策都依据获得信息的准确性、及时性、全面性。

（2）制定目标并建立目标体系。

制定公司各级员工在一定期限内奋斗的目标，在此基础上建立目标体系，也就是将公司的远景规划和业务使命转换成明确具体的业绩目标，从而使公司

的发展过程有一个可以衡量的标准。

（3）制定企业战略。

在这一环节，公司需要制定各个层级战略，特别是竞争战略。

（4）预算步骤、预算方法和类型、全面预算体系及预算编制程序，相关内容参见第三章。

2. 实战演练

在这一环节，各个公司要完成以下任务：熟悉模拟行业基本信息，以购买报告的形式进行调研；制定经营目标如市场占有率、收入、利润等；制定战略尤其是竞争战略；依照预算流程制定自己公司的预算。

三、设计经营方案，进行资源配置

1. 核心知识点学习

（1）成本的概念。

成本是指企业对所购买的各种要素的货币支出，也是为达到特定目的而发生或未发生的价值牺牲，可用货币单位加以衡量。

（2）成本对象。

成本对象是指需要进行成本核算的产品、项目、单位或其他作业或目的。

（3）成本核算体系。

①财务体系：为外部提供财务状况信息（合规、强制、不精确、不充分）。财务体系中的成本核算包括以下几个方面。

直接材料成本：用经济可行的方法可以明确地辨认是属于某个成本对象的直接材料（如瓶装矿泉水的瓶子）的数量乘以其单价。

耗用品或间接材料成本：与直接材料不同，耗用品或间接材料虽然也是用于生产过程的材料，但不能直接追溯到单独的产品（如机器润滑油和餐厅厨房的调味品），用其数量乘以单价即为成本。

直接人工成本：用经济可行的方法可以明确地辨认是属于某个成本对象的

直接劳动的数量乘以直接人工的单位价格。例如，装配或在生产中操作机器的工人的收入是产品成本的直接人工成本，一个技工花费在修理一辆汽车上的时间成本就是这项修理工作的直接人工成本。

制造费用：所有的间接生产成本去除直接成本之外的所有生产成本，都包括在制造费用里。

②管理体系：为内部提供信息以支持管理改进和经营决策（管理者意志、自愿、较精确、较充分）。管理体系中的成本核算包括以下几个方面。

转换成本：制造费用加上直接人工成本。

完全生产成本：直接材料成本和转换成本的总和，不包括销售费用、管理费用、财务费用。

非生产成本：发生在一个组织里的除生产成本以外的全部成本，也称作期间成本或费用，如销售费用、研发费用、管理费用、利息等。

销售费用：市场费用与物流费用之和。其中，市场费用包括市场调查、广告、现场促销等费用，以及销售人员工资和差旅费等，物流费用包括仓储费、货物的运费、与处理订单有关的记录费用等。

完全产品成本：以上所有成本要素的总和，既包括完全生产成本，也包括非生产成本。

（4）成本性态分析。

包括固定成本、变动成本与半变动成本（混合成本），相关内容参见第三章。

（5）总成本—业务量关系图。

每个总成本—业务量图（及其方程）都是建立在一定隐含条件的基础上的。这些条件包括：业务量的变动范围；时间跨度；成本的刚性；环境。

①刚性成本。某些类型的成本通常被视为100%的可变成本，但当业务量同等减少时，成本的下降比例却低于上升的比例。当业务量增加时，管理者需要增加资源，而业务量下降时，管理者应该相应地减少资源，但管理者通常更愿意增加而不是减少资源，这就是成本具有刚性的主要原因。在多变的环境中，管理者应该保持敏锐的成本应变能力。

②环境。总成本—业务量关系图表示成本随业务量的变化情况，在一定时期内，成本还可受到环境等很多因素的影响而发生变化，如工资率的变化、福利政策的变化、原材料价格和生产技术的变化等，如果以上任一因素发生重大变化，则总成本—业务量关系图就不会准确地描述所给定期限内的成本变动状况。

（6）阶梯式成本。

某些成本项目呈阶梯式变化，在一定业务范围内，该成本固定不变，但当业务增长到一定限度，该成本就会跳跃到一个新的水平，比如一间厂房的生产能力是40吨/年，如果突破40吨，必须增加一间厂房，那么固定成本就会增加，所以要关注这种现象。

（7）可控成本和不可控成本。

①可控成本：管理者能够施加重要影响的成本。

②不可控成本：可控成本以外的其他成本项目。例如，对于生产部而言，原材料和工人工资是不可控成本，对于采购部和人力资源部而言则是可控成本。

（8）工程性成本、任意性成本、约束性成本。

①工程性成本：消耗数量能被准确估计，如直接材料、直接人工，这些都受产量的影响。

②任意性成本：能够被责任中心经理在其处理权限内调整的成本（也称为可管理成本），其范围包括研发活动、所有的管理活动和大部分营销活动，这些都受决策的影响。

③约束性成本：由于过去的决策造成无法在将来更改的成本，如折旧费用、签订了合同的管理者薪酬等。

（9）本–量–利分析，相关内容参见第三章。

（10）成本—责任主体关系。

①责任不清的现象：如公共草地无人负责的悲哀。

②特点：成本的控制取决于职责明细。

③原因：制度决定行为。

(11）成本控制的定义。

成本控制是指运用一定的方法先预定一个限额（或定额），按限额进行开支。在执行过程中以实际支出与预定的限额作比较，衡量经营活动的成绩与效果，并按例外管理原则纠正不利差异，以达到预期管理的目的。

①广义的成本控制是以成本最小化为目标，它涉及企业的全部经营活动，通过正确选择经营方案并涉及决策过程，成本预测和决策分析，统筹安排成本、数量和收入的相互关系，以求收入的增长超过成本的增长，实现成本的相对节约，也称为相对成本控制。

②狭义的成本控制是以规定的成本限额为目标，在执行决策过程中努力降低成本支出的绝对额，也称为绝对成本控制。

（12）成本控制的重要性。

①成本控制是企业增加利润的根本途径，它直接服务于企业的经营目标。

②成本控制是企业抵抗内外压力，求得生存的主要保障。当企业遇到同业竞争、环境恶化、要求加薪等情况时，成本控制是抵御内外压力的方法之一。

③成本控制是企业发展的基础，成本降低了，可降价促销，占有市场，巩固经营基础。在成本失控的情况下盲目追求市场占有率或进行促销，最终会导至经营困境。

（13）成本控制的程序。

①前馈控制：成本预测、成本决策、成本预算。

②过程控制：成本控制、成本核算。

③反馈控制：成本分析、成本考核、成本审计。

（14）成本费用控制的方法。

①预算控制法。其内容具体包括：合理确定成本费用预算指标；在预算指标内审批成本费用支出；一般不得脱离成本费用预算；例外审批制度；定期进行成本费用预算差异分析；成本费用内部报表；考核与激励制度相结合。

②标准成本法。标准成本是通过调查分析、运用技术测定等方法制定的，在有效经营条件下所能达到的目标标准成本。以标准成本为基础，将实际成本与标准成本进行对比，可以揭示成本差异形成的原因和责任，进而采取措施，

对成本进行有效控制。

③责任中心成本法。在企业内部划分责任中心，明确成本控制责任和范围，并按照责任中心归集、报告和考评成本控制业绩，如表9-1所示。

表9-1 责任中心成本法

责任中心	涉及的内部单位	控制重点	关注问题
成本中心	车间、管理部门等	成本费用水平	成本转嫁、短期目标、预算宽裕
利润中心	自然形成的利润中心或模拟利润中心	盈利水平	边际利润、固定成本、盈利动因分析
投资中心	集团总部投资公司	投资报酬率、经济附加值	资金成本，评价指标的局限性

④目标成本法。其公式为：目标成本费用＝预计收入－目标利润。假设某项产品单位售价200元，单位销售税金10元，单位目标利润30元，上年单位产品成本费用180元，则计算步骤如下：计算出目标成本费用，即200－10－30＝160元；计算出成本费用降低率，即（180-160）/180×100%≈11%；分解成本费用明细，并按重要性排序；确定定各成本费用项目降低率。

⑤价值分析法。其理论基础是价值最大化，而价值＝功能/成本，其中功能即产品的用途，成本即产品的生命周期（设计、制造、销售、使用等）成本。

提高产品价值的途径：功能不变，成本降低；成本不变，功能提高；功能提高，成本降低。

价值工程运用的程序：选择产品对象（新产品、产量大、成本高、问题多的产品）；进行功能评价（计算功能系数）；确定总目标成本；计算价值系数；计算成本降低额。

⑥战略成本控制法。在制定和执行经营战略中，以成本为杠杆来设定经营目标、经营方针、筹划开拓市场和分配资源等。这种方法不仅考虑成本，也考虑长期发展，如表9-2所示。

表 9-2 战略成本控制法

属性	传统成本控制	战略成本控制
目标	特定目标	竞争优势
范围	狭窄	广泛
时间	短期	长期
频率	定期	经常持续
形式	事后反应式	事前行动式
对象	某个成本费用项目	价值链

⑦作业成本控制法。通过对作业活动及成本动因的分析，确定如何降低成本和增加顾客价值，如表 9-3 所示。

表 9-3 作业成本控制法

作业	成本动因	数量	分配率	分配额
获得订单	订单数量	5000 份	100/ 份	500000
复印/传真	份数	3000 份	1/ 份	3000
长途电话	次数	150 次	10 / 次	1500
收款	发票数量	500 份	5/ 份	2500
质量控制	检验数量	1000 件	2/ 件	2000

⑧业务流程法。通过流程重组，并结合 ERP 方案，寻找降低成本的途径。业务流程再造的特点包括：以最大限度满足顾客需求为核心；面向流程变革；采用先进的管理理论和技术；可能涉及裁员等问题；大幅度改善业绩。

2. 实战演练

各个公司依照战略成本管理方法设计经营方案，制定各个部门年度工作计划，分配资源。

四、展开市场竞争

各个公司之间展开市场竞争，这一步骤涉及一些具体营销策略问题，比如价格战、广告战等。
（1）制定产品销售价格。
（2）决定是否做广告宣传。
（3）确定是否设立账期。
（4）争抢订单。

五、财务统计

财务统计也就是统计经营成果，包括市场占有率、收入、利润等指标。
（1）统计公司产品市场占有率。
（2）统计营业收入、成本费用、投资收益、营业外收入、营业外支出等。
（3）计算利润。
（4）计算单位产品固定成本、变动成本、完全成本。

六、期末总结

每个公司总结当年在经营决策、成本管理控制过程中的得与失，为下一年度的发展打好基础。

七、讲师点评

讲师紧紧围绕成本管理与控制这一主题对每家公司的经营状况进行一一分析，指出成绩，也指出不足，大家一起学习、一起进步。

第三节　企业成本管理与控制沙盘模拟实战试题

一、判断题

（1）成本管控只是财务部的事情。

　　□对　　□错

（2）本－量－利关系是进行成本管控的基本工具之一。

　　□对　　□错

（3）成本可以分为变动成本、固定成本和半变动成本。

　　□对　　□错

（4）成本管控可以分为广义的成本管控和狭义的成本管控。

　　□对　　□错

（5）成本控制的程序包括前馈控制、过程控制、反馈控制。

　　□对　　□错

（6）前馈控制分为成本预测、成本决策、成本预算。

　　□对　　□错

（7）过程控制分为成本控制、成本核算。

　　□对　　□错

（8）反馈控制分为成本分析、成本审计。

　　□对　　□错

（9）战略成本控制关注长期优势、竞争优势、价值链等。

　　□对　　□错

（10）传统成本控制关注短期目标、事后反应、特定目标等。

　　　□对　　□错

二、思考题

提高产品价值的途径是什么？

（答案见附录六）

第十章

执行力提升沙盘模拟实战

【执行】
若要秋收好,必然春日耕。
长征千万里,步步累积成。

第十章 执行力提升沙盘模拟实战

第一节 执行力提升沙盘模拟实战说明

执行力提升沙盘模拟实战旨在通过运用现代沙盘教学方法，树立管理者的团队思想与沟通意识，切实提升管理团队的执行能力，锻炼团队分析环境、洞察市场、把握机会、制定战略、确立优势、改进绩效、提高效率、正确决策、彻底执行的能力。

模拟经营中，每个团队都要面对激烈动荡的市场环境，制定并执行适应性发展战略，做出理性的管理决策，在高强度的市场竞争中，模拟公司将遭遇各种各样的危机、约束、压力和挑战，参加培训的学员就是在经历模拟企业3~4年市场竞争的成功与失败过程中，得以培养团队协作与沟通能力，领悟团队执行的真谛。

一、培训的意义

经过2~3天的学习，学员对团队决策制定与执行的认识将会更加全面和清晰。通过3~4轮持续的实战和调整，学员将获得团队建设与融合、团队决策与沟通、团队执行与战略实施的宝贵实践经验。

（1）验证以往形成的团队管理与沟通的思想和方法，梳理思路、暴露误区。

（2）通过分析生动鲜活的现场案例，认识团队执行能力与经营业绩之间的逻辑关系，及时反思企业现行团队管理与执行的有效性。

（3）通过模拟经营，有效提高团队协作、团队执行的能力。

（4）通过应对市场环境的突变和竞争对手的市场攻势，培养管理团队快速应变能力和战略控制能力。

（5）拓展管理视角，走出现代企业的发展困惑，把握执行力的三项关键要素（战略流程、运营流程、人员流程），在管理团队成员过程中培养执行型领导的基本素养和能力。

（6）经过密集的团队沟通，充分体验交流式反馈的魅力，深刻认识建设积极向上的组织文化的重要性。

（7）通过对模拟企业战略的细化实施，加深对企业执行力重要性的理解，提升执行力应具备的管理心态。

（8）系统了解企业内部价值链的关系，认识到打破狭隘的部门分割，增强全方位执行意识的重要意义。

（9）通过模拟团队各项决策的研究制定，使学员锻炼成为参与群体决策、达成理性决策的高手。

二、培训课程大纲

培训对象：企业中高层经理、骨干员工
培训规模：20～40人
授课时间：2～3天（12～18学时）

1. 组织分工与协作

（1）制定共同的组织目标与发展规划。

（2）通过模拟经营，熟悉合理的分工模式与方法，寻求专注对于职能效率的推动与影响。

（3）设计适合模拟企业战略需要的组织结构与运作流程。

（4）学习组织核心能力的确立与优势缔造策略。

（5）根据模拟企业发展需要建立内部协作机制。

（6）感受分工与协作的矛盾，寻求分工与协作的平衡。

2. 管理沟通与组织融合

（1）外部市场信息与内部管理信息的收集、管理与共享。

（2）演练不同的沟通方式，体验不同沟通方式的特点。

（3）通过现场案例分析常见的沟通障碍，解除沟通的误区。

（4）模拟同级沟通与上下级沟通的情景，解析传统沟通的代沟。

（5）学习一对一沟通、一对多沟通、多对一沟通的技巧与方法。

（6）开放组织的建立与发展原则。

3. 团队管理

（1）围绕模拟经营核心决策，组织构建高效管理团队。

（2）练习使用团队建设的相关方法构筑团队信任。

（3）学习团队角色的认知，发挥团队角色的作用，体验团队角色互补的逻辑性、重要性和必要性。

（4）通过模拟经营决策，体验高效管理团队所应该具备的素质和条件。

（5）在团队建设过程中亲身感受否定式反馈（反对）、抚慰式反馈、交流式反馈对于组织智慧的不同影响。

（6）学习正确评估、采纳非共识性建议。

4. 团队建设

（1）通过模拟团队协作，认识团队的实质。

（2）在模拟经营中寻求团队的效率与效益来源。

（3）利用管理团队的自我调整，破解团队建设中的困惑。

（4）体验沟通对团队建设的意义。

（5）学习跨部门沟通与协调，提高周边绩效，树立全局意识。

（6）基于团队承诺，制定目标和行动计划，平衡资源，评价绩效。

5. 群体决策

（1）演练每一个模拟经营环节的团队管理决策，现场运用团队决策，亲身体验群体决策的优势与劣势。

（2）运用群体决策，学习制定公司各项经营计划。

（3）利用期末总结进行经营反思，认清管理团队存在的问题。

（4）在不断的实践和运用中解析团队决策程序。

（5）针对模拟计划的决策失误，认识群体决策的优点与缺点。

（6）通过模拟经营，检验、调整团队经营决策。

6. 团队执行力的提升

（1）通过模拟战略分析、策略执行，提升管理者的理解力与思考力。

（2）通过战略制定、目标分解，提升管理者的转化力与计划力。

（3）通过战略环境测试和差异分析，提升管理者的行动力与控制力。

（4）通过应对复杂的市场竞争形势，锻炼管理者的判断力与创新力。

（5）通过全程参与团队工作，提升学员个体的执行力。

（6）通过团队协作与组织目标的实现，提升组织的执行力。

（7）在模拟经营过程中，暴露管理者在执行中易犯的错误。

（8）在模拟经营过程中，探索团队执行与效率改进的路径。

第二节　执行力提升沙盘模拟实战流程及核心知识点

执行力提升沙盘模拟实战流程，如图 10-1 所示。

第十章
执行力提升沙盘模拟实战

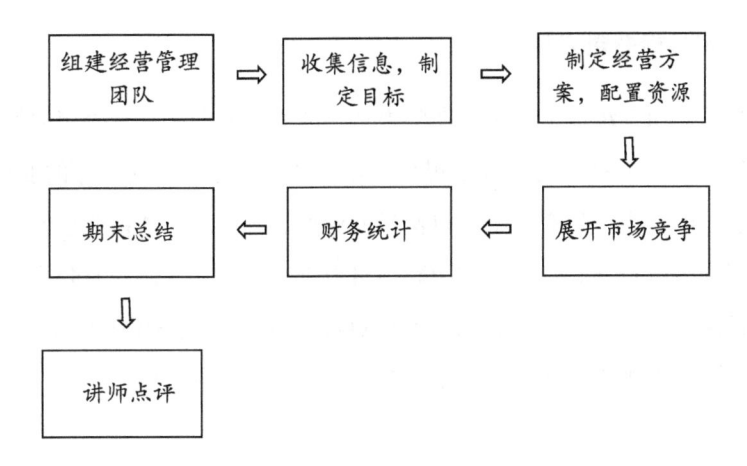

```
组建经营管理    →    收集信息，制    →    制定经营方
   团队              定目标              案，配置资源
                                            ↓
   期末总结    ←    财务统计    ←    展开市场竞争
     ↓
   讲师点评
```

图 10-1　执行力提升沙盘模拟实战流程

一、组建经营管理团队

运营一家企业需要各种各样的资源，其中人力资源是极其重要的资源，没有人力资源则其他资源的运用无从谈起，一支优秀的管理队伍是企业的资产，一支平庸的管理队伍则会成为企业的负债。在这一环节，将成立由总经理以及财务部经理、销售部经理、生产部经理等各部门负责人组成的经营管理团队，大家群策群力、团结一致实现组织的目标。

二、收集信息，制定目标

1. 信息收集

信息收集是一项非常重要的工作，所有的决策都依据获得信息的准确性、及时性、全面性。在这一环节各个公司需要熟悉模拟行业基本信息，以购买报告的形式进行调研。

2. 制定目标并建立目标体系

目标是公司各级员工在一定期限内奋斗的具体方向，具有凝聚力作用。建立目标体系就是要将公司的远景规划和业务使命转换成明确具体的业绩目标，从而使公司的发展过程有一个可以衡量的标准。好的目标体系能够使公司的各级执行者在采取行动时方向更加明确、努力更有成效。任何一家公司都同时需要战略目标体系和财务目标体系。目标的设定一般要符合 SMART 原则。各个公司将在这一环节制定经营目标，如市场占有率、收入、利润等。

三、制定经营方案，配置资源

1. 核心知识点学习

（1）什么是执行力。

执行力是指有效利用资源、保质保量达成目标的能力，是贯彻战略意图，完成预定目标的操作能力。

（2）执行力的特征。

①系统性。

②全员性。

③操作性。

④坚韧性。

（3）执行力的三项核心流程。

①战略流程：做正确的事。

②运营流程：正确地做事。

③人员流程：正确的人做事。

（4）执行力的类型。

根据组织类型、执行态度、执行内容和执行主体的不同，执行力也分为不同的类型，如表 10-1 所示。

表 10-1　执行力的类型

分类标准	类别	
组织类型	企业执行力	政府执行力
执行态度	主动执行力	被动执行力
执行内容	业务执行力	管理执行力
执行主体	组织执行力	个体执行力

个体执行力是指每一个体把上级的命令和想法变成行动，把行动变成结果，从而保质保量完成任务的能力。个体执行力取决于态度、能力、工具、方法、流程和政策等。

①个体执行力构成要素。

一是战略分解力，即把战略分解为具体工作步骤和类型的能力。

二是标准设定力，即确定每项工作的流程标准、执行操作标准以及结果标准的能力。

三是时间划分力，即围绕工作和目标合理分配时间、划分时间的能力。

四是岗位行动力，即明确岗位职责、实施岗位行动、完成岗位任务的能力。

五是过程控制力，即对岗位工作执行过程进行合理控制的能力。

六是结果评估，即科学评估自身岗位工作结果并改进工作效能的能力。

②不同层级个体执行力的构成要素分布。

不同层级个体执行力的构成要素分布，如表 10-2 所示。

表 10-2　不同层级个体执行力的构成要素分布

	战略分解力	标准设定力	时间划分力	岗位行动力	过程控制力	结果评估力
高层管理者	√	√	√	√	√	√
中层管理者		√	√	√	√	√
基层管理者			√	√	√	√
基层员工				√	√	√

③提升个体执行力。

一是掌握重点：结果导向；注重细节；拒绝借口；快速高效；永不言败。

二是掌握方法：安排好时间和日程；学会授权；提高开会效率；处处留心；重视文档的整理；总结规律，制作清单。

三是掌握管理流程：工作任务（What）；做事的目的（Why）；组织分工（Who）；工作切入点（Where）；工作进程（When）；方法工具（How）；工作资源（How much）；工作结果（How do you feel）。

组织执行力是指一个组织把战略决策持续转化成结果的满意度、精确度、速度，它是一项系统工程，表现出来的就是整个组织的战斗力、竞争力和凝聚力。提升组织执行力的关键在于将理念转化为现实、将目标转化为任务、将计划转化为行动、将决策转化为操作。

①组织执行力的构成要素。

一是组织设计：确定系统执行力。

二是信息沟通：落实细节执行力。

三是奖惩体系：倍增综合执行力。

三是责任机制：凝聚组织执行力。

四是执行文化：传承价值执行力。

②提升组织执行力。

一是关注心态，提升士气，关心员工需求的变化趋势。这种变化一般表现为：要求参与决策的愿望大大加强；要求富有变化，能在工作中找到乐趣；要求有更多的成长和发展的机会；要求对组织的目标有明确的了解；要求被尊重、被关心、被理解、被倾听；要求有沟通的机会；要求全方位的自我实现和成就感。

二是明确职责，引导定位。具体包括：人岗匹配，即处于岗位上的个体是否适合充当相应的角色；情感上的角色认同，即处于岗位上的个体是否努力充当相应的角色；认知上的角色理解，即处于岗位上的个体是否准确了解角色的功能。

三是注重创新，加强执行中的创造性。

四是注重提升中层管理者的执行力，切实发挥中层管理者的作用。中层管理者执行力缺失常表现为四个"度"：高度，即组织的决策方案在执行过程中标准逐渐降低，甚至完全不一致，越到后面离原定的目标越远；速度，即组织的计划在执行过程中经常延误，有些工作不了了之，严重影响了计划的执行速度；力度，即组织制定的一些政策在执行过程中力度越来越小，许多工作做得虎头蛇尾，没有成效；温度，即太过于强调工作，忽视以人为本，影响执行者态度。中层管理者提升执行力的主要途径是：准确定位；高度认同组织战略；深刻领会领导意图；提升自身领导力。

（5）执行力强弱的原因分析。

①战略形成的认同度。

②工作目标的分解度。

③信息沟通的通畅度。

④机构设置的合理度。

⑤执行工具的有效度。

⑥学习培训的强度。

⑦奖惩系统的保障度。

⑧人际环境的舒适度。

（6）执行型领导的基本素养。

①亲自参与组织的运营，对自己的组织和员工有较为全面、透彻的了解。

②客观分析自身组织，以事实为基础做出各种决策。

③确立清晰而简洁的目标，明确实现目标的先后顺序。

④选拔任用那些会执行的人，保持组织可持续竞争优势。

⑤及时跟进，建立督导行动的机制。

⑥采取措施对有执行力的员工进行奖励，为执行提供动力。

⑦把自己的知识与经验传递给下一代领导者，提高组织中个人和集体的执行能力。

⑧具有较高的情商和坚韧的性格，勇于自我发现和自我超越。

（7）核心竞争力的打造关键在执行。

①核心竞争力只有在执行中才可以培养。

②组织的核心竞争力转化为长期竞争优势需要执行力做支撑。

（8）战略执行存在的三大困难。

困难之一：战略执行有许多不可控制和不可预料的因素，需要执行要素的充分配合，需要资源、人事等要素的协调。

困难之二：组织内人员在战略的理解上存在巨大的差异，不理解战略的人员很可能会做出一些与战略无关甚至相反的事情。

困难之三：战略要根据内外部环境的变化和自身的实际情况而不断调整，这对组织内部持续有效的沟通和执行手段的不断适应提出了严峻挑战。

2. 实战演练

总经理应用各种策略尽力提升团队执行力，制定经营方案以及合适的各部门工作计划，合理分配资源。

四、展开市场竞争

各个公司之间展开市场竞争，这一步骤涉及一些具体营销策略问题，比如价格战等。

（1）制定产品销售价格。

（2）决定是否做广告宣传。

（3）确定是否设立账期。

（4）争抢订单。

五、财务统计

财务统计也就是统计经营成果，包括市场占有率、收入、利润等指标。

（1）统计公司产品市场占有率。

（2）统计营业收入、成本费用、投资收益、营业外收入、营业外支出等。

（3）计算利润。

六、期末总结

每个公司总结当年在经营决策、执行力提升过程中的得与失，为下一年度的发展打好基础。

七、讲师点评

讲师紧紧围绕执行力提升这一主题对每家公司的经营状况进行一一分析，指出成绩，也指出不足，大家一起学习、一起进步。

第三节　执行力提升沙盘模拟实战试题

一、判断题

（1）执行力只是员工的事情。

　　□对　　□错

（2）执行力的特征是系统性、全员性、操作性、坚韧性。

　　□对　　□错

（3）执行力的三项核心流程为战略流程、运营流程、人员流程。

　　□对　　□错

（4）组织执行力的构成要素包括组织设计、信息沟通、奖惩体系、责任机制、执行文化。

　　□对　　□错

（5）提升个体的执行力重点是结果导向、注重细节、拒绝借口、快速高效、永不言败。

　　□对　　□错

（6）提升个体执行力的方法包括：安排好时间和日程；学会授权；提高开会效率；处处留心；重视文档的整理；总结规律，制作清单。

　　□对　　□错

（7）提升组织执行力的方法包括：关注心态，提升士气；明确职责，引导定位；注重创新，加强执行中的创造性；注重提升中层管理者的执行力，切实发挥中层管理者的作用。

　　□对　　□错

（8）中层管理者执行力缺失常表现为四个"度"，即高度、速度、力度、温度。

　　□对　　□错

（9）中层管理者提升执行力的主要途径是：准确定位；高度认同组织战略；深刻领会领导意图；提升自身领导力。

　　□对　　□错

（10）核心竞争力的打造关键在执行。

　　□对　　□错

二、思考题

战略执行存在的三大困难是什么？

（答案见附录六）

第十一章

战略目标及经营计划的制定与执行沙盘模拟实战

【规划】
咬定青山后,还需跃马行。
白天或夜半,跨海又穿城。

第十一章
战略目标及经营计划的制定与执行沙盘模拟实战

第一节　战略目标及经营计划的制定与执行沙盘模拟实战说明

企业战略目标及经营计划制定与执行沙盘模拟实战旨在通过沙盘实战演练，树立管理者的战略管理思想和计划制定与执行的管理意识，切实提升管理者设计战略、确立目标、制定计划、执行计划的实战能力。

参加培训的学员将亲手制定模拟公司的战略目标和经营计划并运用预算工具严格执行。在复杂的市场环境中，模拟公司将遭遇各种各样的危机、困难、压力和挑战。每个管理团队都要面对激烈动荡的市场环境，制定适应性发展战略、经营目标、经营计划和预算方案。一系列实战性的模拟经营决策将引发学员深层次的系统思考，艰苦卓绝的模拟经营历程将在学员内心留下深刻的记忆和影响。

每一年度模拟经营结束后，学员们都要对当年业绩进行盘点与总结，结合讲师对各个模拟公司战略规划和经营计划的点评与分析，反思经营成败，解析战略得失，梳理经营思路，暴露预算误区，并通过3~4年调整与改进的练习，切实提升战略目标制定能力，领悟经营计划制定与执行的真谛。

一、培训的意义

经过2~3天的学习，使学员对战略目标和经营计划的制定与执行认识更加全面和清晰。通过3~4轮持续的实战和调整，学员将获得宝贵的经营管理实践经验。

二、培训课程大纲

培训对象：企业中高层经理

培训规模：20~40人

授课时间：2~3天（18学时）

1. 战略规划与战略目标制定

（1）通过模拟经营，练习使用战略分析工具和方法，评估内部资源与外部环境，分析、识别市场机会与威胁。

（2）演练制定企业的中长期发展战略。

（3）根据模拟企业发展需要，运用稳定、增长与收缩战略。

（4）学习制定适合企业实际并具有挑战性的战略发展目标体系。

2. 经营计划的制定与执行

（1）演练每一个模拟经营环节的战略计划。

（2）学习战略计划的分解、企业资源配置。

（3）演练企业销售计划、生产计划、财务计划、采购计划的制定。

（4）通过模拟制定各项经营决策执行计划，实现企业目标。

（5）总结模拟公司的经营问题，寻找引发问题产生的根源，通过计划调整优化企业经营。

3. 企业全面预算

（1）运用全面预算管理，保证战略目标顺利实现。

（2）练习资本支出预算，学习兼顾实现盈利目标和长期发展目标。

（3）通过模拟企业现金预算，了解资金平衡对企业生存目标达成的重要意义。

（4）指导学员在模拟经营过程中编制成本预算和利润预算，深入了解预算的程序、步骤和原则。

（5）在应对模拟市场变化中认识静态预算与弹性预算。

（6）剖析现场失误案例，分析预算跟踪与控制的重要意义。

4. 全面合作

（1）企业是一个有机系统，部门之间紧密合作是完成计划的基础。

（2）共同的目标是通力合作的前提。

（3）有效的激励系统是合作的保障。

（4）集体荣誉感是合作的底层逻辑。

（5）沟通是合作的必要途径。

第二节　战略目标及经营计划的制定与执行沙盘模拟实战流程及核心知识点

战略目标及经营计划的制定与执行沙盘模拟实战流程，如图11-1所示。

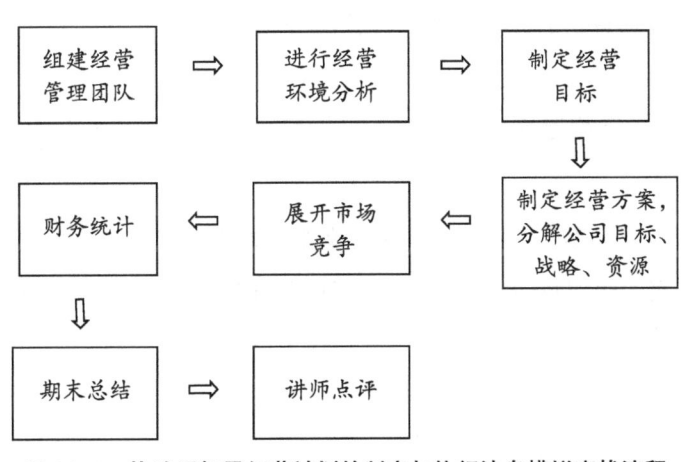

图 11-1　战略目标及经营计划的制定与执行沙盘模拟实战流程

一、组建经营管理团队

运营一家企业需要各种各样的资源，其中人力资源是极其重要的资源，没有人力资源则其他资源的运用无从谈起，一支优秀的管理队伍是企业的资产，一支平庸的管理队伍则会成为企业的负债。在这一环节，将成立由总经理以及财务部经理、销售部经理、生产部经理等各部门负责人组成的经营管理团队，大家群策群力、团结一致实现组织的目标。

二、进行经营环境分析

1. 核心知识点学习

（1）什么是企业战略。
（2）战略的三个层次。
（3）战略环境分析。
以上内容在第一章都有讲到，此处不再赘述。

2. 实战演练

研究行业信息，了解竞争对手，调研客户需求。

三、制定经营目标

目标是公司各级员工在一定期限内奋斗的具体方向，具有凝聚力作用。在这一环节，各个公司将会制定自己的经营目标如收入、利润、市场占有率等。

四、制定经营方案，分解公司目标、战略、资源

1. 核心知识点学习

（1）经营计划的概念。

经营计划是指根据经营战略决策方案中有关目标的要求，对方案实施所需的各种资源，从时间和空间上所做出的统筹安排。

（2）经营计划的特点。

①决策性。

②外向性。

③综合性。

④激励性。

（3）经营计划的种类。

①按计划的重要程度，可分为战略计划、战术计划。

②按计划的层次范围，可分为高层计划、中层计划、基层计划。

③按计划的内容，可分为专项计划、综合计划。

④按计划的期限，可分为长期计划、中期计划、短期计划。

（4）经营计划体系。

①战略计划：涉及企业目标、战略、结构运行的综合计划。

②业务计划：有关营销、技术、生产、人事、财务等部门的工作计划。

③作业计划：具体部门一线执行的计划如广告计划、促销计划、贷款计划、采购计划等。

战略计划、业务计划和作业计划各自的特性和相互关系，如表11-1所示。

表 11-1　经营计划体系

	特性							
	作用性质	详细程度	时间范围（单位）	计划范围	计划要素	信息	复杂程度	平衡关系
战略计划	战略性、统率性	概略	长期、中期、短期（年）	企业全局、综合性	市场、产品、能力、资源、目标	内外部的、概括的、预测性的	变化多、风险大、灵活性强	全局综合平衡
业务计划	业务性、承上启下	较具体	一年（季、月）	专业领域、分支性	任务、业务能力、资源、资金、标准	内外部的、较精确、较可靠	变化易了解、较稳定、关系明确	上下左右协调
作业计划	作业性、执行性	具体详细	月、旬、周（日、班）	执行单位、具体性	工件、工序、人、设备、定额、任务单	内部的、高度精确、可靠	变化易调整、内容具体、容易掌握	单位内部综合平衡

（5）企业经营计划的基本特征。

①以目标利润为中心。

②以适应外部环境变化为出发点。

③以中长期计划为主要目标。

（6）编制企业经营计划的程序。

①调查预测，评估机会。

②统筹安排，确定目标。

③拟定方案，比较选优。

④确定预算，综合平衡。

（7）编制企业经营计划的方法。

①滚动计划法：一种动态编制计划的方法，在每次编制或调整计划时，均将计划按时间顺序向前推进一个计划期，即向前滚动一次，按照制定的项目计划进行施工，对保证项目的顺利完成具有重要的意义。

② PDCA 循环法：包括四个阶段的工作循环。第一阶段是制定计划（P），主要是确定方针、目标和活动计划等；第二阶段是执行（D），主要是组织力量去执行计划，保证计划的实施；第三阶段是检查（C），主要是对计划的执行情况进行检查；第四阶段是处理（A），主要是根据检查发现的问题进行处理和完善。

③综合平衡法：一种通过综合考虑各种因素来进行决策的方法，能够帮助管理者在面对复杂的决策问题时，进行综合考虑和权衡，找到最优的决策方案。

（8）长期、中期、短期经营计划。

①三种计划展开过程：长期（五年及五年以上）战略规划，确定企业长远战略目标；中期（二至五年）结构计划，形成以一定的结构和素质为基础的经营能力；短期（年度）运营计划，通过运营，充分发挥企业经营能力，逐步实现目标。

②长期经营计划的编制：调查研究；确定目标期望水平，明确差距和问题；设计战略，弥补差距；编制计划，形成文件。

③中期经营计划的构成：长期战略规划；中期目标；中期开发计划；分产品的销售计划、生产计划、结构计划和利润计划；企业的销售生产计划；企业结构计划；企业利润计划和经营比率表。

④短期（年度）经营计划的构成：利润计划、生产计划、销售计划、人事劳动工资计划、采购计划、生产费用预算及成本计划、财务资金计划、研发计划、公关计划、企业改造计划等。

相关计划编制要点，如表 11-2 所示。

表 11-2　相关计划编制要点

	部门年度工作计划	公司年度经营计划	公司战略规划
计划目标	完成部门年度目标：人、财、物、信息流高效、有序运行	完成公司年度目标：实现管理模式变革，形成战略优势能力，实现公司年度目标	完成长期目标：企业战略位势根本转变，企业战略思考能力增强
计划内容	具体活动、具体工作、岗位职责、预算	相关活动群的具体关键或者重大活动、关键岗位职责、预算	成功关键因素/战略优势、相关活动群和关键岗位职责、预算
责任单位	生产分厂、辅助生产部门、职能部门、相关活动群、具体活动部门	公司、生产分厂、辅助生产部门、职能部门、相关活动部门	公司、业务活动群、职能活动群
责任者	中层管理者、基层管理者、职能管理者、相关活动负责人、具体活动负责人	高层管理者、中层管理者、基层管理者、职能管理者、相关活动群负责人	高层管理者、中层管理者、职能管理者、相关活动群负责人
参与者	基层执行人员	基层管理者、内外部有关专家	内外部有关专家

（9）目标管理。

目标管理是一种通过专门设计使目标具有可操作性的过程。企业经营计划的目标管理是贯穿于各种计划的底层逻辑。

①目标管理的共同要素：明确目标；参与决策；规定期限；反馈绩效。

②企业目标管理的实施过程：一是建立经营目标体系，包括确定企业经营总目标并进行分解、协调平衡各分目标、经营目标体系的整理和确定；二是实施经营目标；三是控制经营目标。

2. 实战演练

制定各个部门年度工作计划，并考虑下一年发展计划。

第十一章
战略目标及经营计划的制定与执行沙盘模拟实战

五、展开市场竞争

各个公司之间展开市场竞争，这一步骤涉及一些具体的营销策略问题，比如价格战、广告战等。

（1）制定产品销售价格。

（2）决定是否做广告宣传。

（3）确定是否设立账期。

（4）争抢订单。

六、财务统计

财务统计也就是统计经营成果，包括市场占有率、收入、利润等指标。

（1）统计公司产品市场占有率。

（2）统计营业收入、成本费用、投资收益、营业外收入、营业外支出等。

（3）计算利润。

七、期末总结

每个公司总结当年在目标制定与分解、经营计划制定与执行中的得与失，为下一年度的发展打好基础。

八、讲师点评

讲师紧紧围绕目标制定与分解、经营计划制定与执行这一主题对每家公司的经营状况进行一一分析，指出成绩，也指出不足，大家一起学习、一起进步。

第三节　战略目标及经营计划的制定与执行沙盘模拟实战试题

一、判断题

（1）目标是对工作预期结果的主观设想，也是工作活动的预期目的，为工作指明方向，具有维系组织各个方面关系核心的作用。

□对　　□错

（2）经营计划是指根据经营战略决策方案中有关目标的要求，对方案实施所需的各种资源，从时间和空间上所做出的统筹安排。

□对　　□错

（3）经营计划的特点包括决策性、外向性、综合性和激励性。

□对　　□错

（4）经营计划按计划的重要程度分为战略计划和战术计划。

□对　　□错

（5）经营计划体系包括战略计划、业务计划、基层作业计划。

□对　　□错

（6）企业经营计划的基本特征是：以目标利润为中心；以适应外部环境变化为出发点；以中长期计划为主要目标。

□对　　□错

（7）编制企业经营计划的程序包括：调查预测，评估机会；统筹安排，确定目标；拟定方案，比较选优；确定预算，综合平衡。

□对　　□错

（8）编制企业经营计划的方法有滚动计划法、PDCA 循环法和综合平衡法。

　　□对　　□错

（9）长期计划的编制步骤是：调查研究；确定目标期望水平，明确差距和问题；设计战略，弥补差距；编制计划，形成文件。

　　□对　　□错

（10）目标管理的共同要素是明确目标、参与决策、规定期限、反馈绩效。

　　□对　　□错

二、思考题

请描述一下传统的目标管理方法。

（答案见附录六）

第十二章

企业跨部门沟通与协作沙盘模拟实战

【协作】
大雁南飞去,前程万万千。
顶风破雾瘴,头阵总循环。

第十二章 企业跨部门沟通与协作沙盘模拟实战

第一节 企业跨部门沟通与协作沙盘模拟实战说明

通过跨部门沟通与协作沙盘模拟实战，可以引导管理者树立全局意识和系统思考习惯，树立跨部门沟通与协作意识，在模拟实战中寻求有效沟通管控分歧、通力协作达成共识的有效方法。借助任务达成的艰难历程，认识优秀管理者必须具备的跨职能协作的能力框架和职业修养。学员以企业总体目标实现为出发点，以优化本职工作为着力点，放眼企业全局，在管理沟通、职能协调、计划统筹、战略协同等方面找差距、补短板，并在不断的实战和知识运用中沉淀、吸收、固化优秀管理习惯。

模拟经营中，每个跨职能团队都将遭遇各种各样的危机、约束和挑战，参加培训的学员在经历团队 3～4 年成功与失败的洗礼中，得以领悟跨职能沟通管理真谛，树立全局意识，培养系统思考习惯，进而提升思维格局，拓宽管理视野。每一年度实战结束后，学员们都能够通过对团队当年绩效及合作过程的盘点与总结，反思跨职能团队的组织成败，解析跨部门沟通得失，暴露跨职能合作中的误区，并通过多次调整与改进的练习，切实提高跨部门沟通管理水平。

一、培训的意义

（1）验证以往形成的跨部门沟通及协调管理方法，暴露自身存在的跨部门沟通认识误区，使跨部门团队管理理念得到梳理与更新。

（2）通过分析生动鲜活的现场案例，认识不同的跨部门沟通管理方法与团队业绩之间的逻辑关系，及时反思跨部门沟通的有效性。

（3）通过模拟实战，大大提高学员指导下属进行跨部门沟通的能力。

（4）通过应对团队中出现的冲突和矛盾，培养管理者组织团队成员展开有效沟通的能力。

（5）通过模拟经营，大大提高团队协作的能力。

（6）系统了解团队各角色之间的关系，认识到打破岗位分割，增强团队全局意识的重要意义。

二、培训课程大纲

培训对象：企业中层经理

培训规模：20～40人

授课时间：2天（12小时）

1. 跨职能团队建设

（1）组建跨职能团队，形成共同的团队愿景、任务及目标。

（2）通过角色扮演理解团队角色及职能分工。

（3）借助现场案例分析理解团队整体禀赋与团队个体成员的关系。

（4）通过模拟实战，体验、认识跨职能团队建设的问题和障碍。

（5）体验、认识高效跨职能团队所应具备的素质和条件。

2. 跨职能团队沟通与融合

（1）团队外部信息与内部信息的收集、管理与共享。

（2）演练不同的沟通方式，体验不同沟通方式的特点。

（3）通过现场案例分析常见的沟通障碍，解除沟通误区。

（4）模拟同级沟通与上下级沟通的情景，解析传统沟通的代沟。

（5）模拟团队沟通情景，练习一对一沟通、一对多沟通、多对一沟通的技巧与方法。

（6）亲身感受否定式反馈、抚慰式反馈、交流式反馈对于团队融合的不同影响。

3. 跨职能团队沟通管理

（1）围绕任务构建善于沟通的高效团队。

（2）学习建立团队规则并理解团队规则的重要性。

（3）在模拟经营中通过改善沟通效果，认识提升团队效率与效益的关键所在。

（4）充分认识开放型跨部门团队的建立与发展原则。

（5）学习正确评估、采纳非共识性建议。

4. 消除团队协作障碍

（1）克服团队信任障碍，点燃团队希望之火。

（2）演练团队冲突处理，成为建设性团队成员。

（3）探寻游离团队的深层原因，提升团队凝聚力。

（4）明确角色和职责定位，让每个成员都不逃避责任。

（5）以模拟经营活动结果为标准，避免团队建设流于形式。

5. 高效企业系统建设

（1）认识企业不同职能部门工作的重点、难点和特点。

（2）了解跨职能沟通不同阶段面临的主要任务和挑战。

（3）企业协作文化与制度构建——破解部门关系发展中的合作瓶颈。

（4）认识职能间"信任"对优秀企业组织建设的重要意义。

（5）了解影响良性的跨部门合作的因素，提高系统观念、树立全局意识。

（6）基于共同承诺，协调行动计划、平衡资源、提升战略绩效。

6. 规划与统筹能力提升

（1）运用统筹思维方法，演练跨职能经营计划的讨论与制定。

（2）在充分理解公司总体目标的基础上，对经营计划进行细化与分解。

（3）学习跨职能计划调整与修订方法，提高经营计划的弹性。

（4）遵循系统优化原则，协调各职能间的工作流程。

（5）分析业绩不良的模拟企业案例，寻找经营计划失效的原因。

7. 战略协同能力提升

（1）充分理解各职能间战略协同的意义和要求。

（2）在模拟实战中体验跨职能战略共识的达成。

（3）实践和运用战略协同中的理性妥协，谋求企业整体最优。

（4）学习战略冲突处理与战略分歧弥合策略。

（5）通过阶段性的战略对标，发现并解决各职能间的战略错位。

（6）学习战略协同下整体执行力提升的方法，解决执行力缺失的四个"度"。

第二节　企业跨部门沟通与协作沙盘模拟实战流程及核心知识点

企业跨部门沟通与协作沙盘模拟实战流程，如图12-1所示。

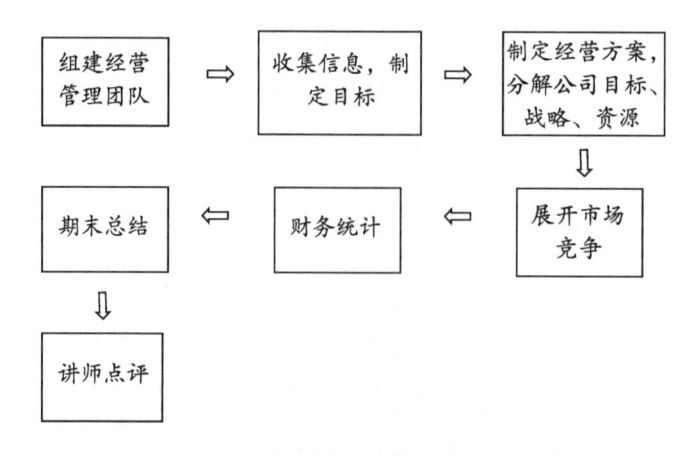

图12-1　企业跨部门沟通与协作沙盘模拟实战流程

第十二章
企业跨部门沟通与协作沙盘模拟实战

一、组建经营管理团队

运营一家企业需要各种各样的资源，其中人力资源是极其重要的资源，没有人力资源则其他资源的运用无从谈起，一支优秀的管理队伍是企业的资产，一支平庸的管理队伍则会成为企业的负债。在这一环节，将成立由总经理以及财务部经理、销售部经理、生产部经理等各部门负责人组成的经营管理团队，大家群策群力、团结一致实现组织的目标。

1. 核心知识点学习

（1）团队的概念。
（2）组织愿景。
（3）使命感。
（4）团队精神。
（5）培养相互信任精神的五要素：正直、能力、一贯、忠实、开放。
以上内容在第二章和第五章都有过介绍，此处不再赘述。

2. 实战演练

组建以总经理为核心的经营管理团队。

二、收集信息，制定目标

1. 信息收集

信息收集是一项非常重要的工作，所有的决策都依据获得信息的准确性、及时性、全面性。在这一环节各个公司需要熟悉模拟行业基本信息，以购买报告的形式进行调研。

2. 制定目标并建立目标体系

目标是公司各级员工在一定期限内奋斗的具体方向，具有凝聚力作用。建立目标体系就是要将公司的远景规划和业务使命转换成明确具体的业绩目标，从而使公司的发展过程有一个可以衡量的标准。好的目标体系能够使公司的各级执行者在采取行动时方向更加明确、努力更有成效。任何一家公司都同时需要战略目标体系和财务目标体系。目标的设定一般要符合SMART原则。各个公司在这一环节将制定经营目标，如市场占有率、收入、利润等。

三、制定经营方案，分解公司目标、战略、资源

密切沟通、加强合作，制定经营方案和各个部门工作计划，把公司目标、战略、资源分解到各个部门。这里主要体现沟通与协作的重要性。

1. 核心知识点学习

（1）协作的概念。

（2）协作的关键点。

（3）沟通的概念。

（4）沟通的种类。

（5）沟通原则。

（6）沟通障碍。

（7）冲突的概念。

（8）冲突的形式。

（9）如何看待冲突。

（10）冲突处理策略。

（11）冲突处理原则。

以上内容在第二章和第五章都有过介绍，此处不再赘述。

（12）全面协作的基础。

全面协作的基础是迈克尔·波特教授提出的企业内部价值链：企业由各个部门组成，每个部门都为企业创造价值。迈克尔·波特将一个企业的经营活动分解为若干战略性相关的价值活动，每一种价值活动都会对企业的相对成本地位产生影响，并成为企业采取差异化战略的基础。企业内部价值链包括企业内部为顾客创造价值的基本活动和辅助活动。企业的基本价值活动包括五项，即内部后勤、生产作业、外部后勤、市场和销售、服务；企业的辅助价值活动包括四项，即采购、技术开发、人力资源管理、企业基础设施。

2. 实战演练

充分沟通、密切合作，制定公司经营方案、分配资源。

四、展开市场竞争

各个公司之间展开市场竞争，这一步骤涉及一些具体营销策略问题比如价格战、广告战等。

（1）制定产品销售价格。

（2）决定是否做广告宣传。

（3）确定是否设立账期。

（4）争抢订单。

五、财务统计

财务统计也就是统计经营成果，包括市场占有率、收入、利润等指标。

（1）统计公司产品市场占有率。

（2）统计营业收入、成本费用、投资收益、营业外收入、营业外支出等。

（3）计算利润。

六、期末总结

每个公司总结当年在经营过程中表现出的沟通与协作方面的得与失，为下一年度的发展打好基础。

七、讲师点评

讲师紧紧围绕沟通与协作这一主题对每家公司的经营状况进行一一分析，指出成绩，也指出不足，大家一起学习、一起进步。

第三节　企业跨部门沟通与协作沙盘模拟实战试题

一、判断题

（1）目标在团队建设中非常重要。

　　□对　　□错

（2）协作不重要。

　　□对　　□错

（3）所有的冲突都没有好办法解决。

　　□对　　□错

（4）做好自己部门的绩效，其他部门是别人的事情。

　　□对　　□错

（5）沟通不重要。

　　　□对　　□错

（6）信任在团队建设中很重要。

　　　□对　　□错

（7）全面协作的基础是迈克尔·波特教授提出的企业内部价值链。

　　　□对　　□错

（8）团队精神即毫无保留的合作精神，把团队看作自己能力发展的平台。

　　　□对　　□错

（9）建设性冲突不一定都有坏处。

　　　□对　　□错

（10）培养相互信任精神要从以下几个方面着手：正直、能力、一贯、忠实、开放。

　　　□对　　□错

二、思考题

团队协作关键点有哪几项？

（答案见附录六）

参考文献

[1] 汤普森，斯特里克兰，甘布尔. 战略管理：概念与案例 [M].14 版. 王智慧，译. 北京：北京大学出版社，2011.

[2] 莱希. 心理学导论 [M].9 版. 吴庆麟，译. 上海：上海人民出版社，2010.

[3] 维克曼. 卓有成效的情境领导：如何在实际工作中体现领导力 [M]. 涂晓芳，郑海滨，译. 北京：电子工业出版社，2013.

[4] 艾伦. 搞定Ⅰ：无压工作的艺术 [M]. 张静，译. 北京：中信出版社，2010.

[5] 库泽斯，波斯纳. 领导力 [M].5 版. 徐中，周政，王俊杰，译. 北京：电子工业出版社，2013.

[6] 德鲁克. 管理：使命、责任、实践 [M]. 汪永贵，译. 北京：机械工业出版社，2009.

[7] 德鲁克. 卓有成效的管理者 [M]. 许是吉，译. 北京：机械工业出版社，2013.

[8] 科特勒，凯勒，卢泰宏. 营销管理 [M].13 版. 卢泰宏，高辉，译. 北京：中国人民大学出版社，2010.

[9] 希金斯. 财务管理分析 [M]. 沈艺峰，译. 北京：北京大学出版社，2011.

[10] 罗宾斯，贾奇. 组织行为学 [M].16 版. 孙健敏，王震，李原，译. 北京：中国人民大学出版社，2016.

[11] 高鸿业. 西方经济学（微观部分）[M].7 版. 北京：中国人民大学出版社，2018.

[12] 方振邦. 管理学基础 [M]. 北京：中国人民大学出版社，2009.

附录一　团队组建报告模板

公司名称　　　　　　　　**组号**

总经理：　　　　　　　　　副总经理：
战略部经理：　　　　　　　财务部经理：
营销部经理：　　　　　　　作业部经理：
采购部经理：

团队口号：
规则：

　　　　　　　　　　　　　　　　　　总经理签字：
　　　　　　　　　　　　　　　　　　日期：

附录二　天地公司 P1 产品研发报告

时间：××××年10月31日 11：30~12：00

地点：××药业会议室

参会人员：总经理、副总经理、战略部经理、研发部经理、财务部经理、营销部经理、采购部经理、生产部经理

主持：总经理

记录：研发部经理

天地公司 P1 产品研发会议于××××年10月31日上午在公司会议室召开，参会人员就 P1 产品的研发达成以下意见。

（1）P1 产品市场需求大，至少在前三年处于需求高峰，公司要重视 P1 产品的生产、研发、营销工作，积极参与 P1 产品研发。

（2）研发部门主导 P1 产品研发工作，其他部门在这一方面要给予大力支持。

（3）采购部门与研发部门一起讨论并研究 P1 产品研发所需物料的采购事项。

（4）营销部门与研发部门一起讨论并研究 P1 产品研发成功之后的上市工作。

（5）生产部门与研发部门一起讨论并研究 P1 产品研发成功之后的生产工作。

（6）财务部门最为重要，要保障 P1 产品研发所需资金，为了保障此次研发

顺利进行，特批准 40M（M 是一个虚拟货币单位，不是特指多少，讲师在授课时一般把它说成百万，即 Million）资金作为特殊事项审批。研发部门一周之内拿出详细的资金预算计划。

签字：

日期：

附录三　决策用表

第一年　经营决策					＿＿＿＿公司		
市场调研	1年	2年	3年	4年	贷款	1年期	2年期
P1研发	研发投资额		产品质量得分＝研发投资额/10				
原料采购方案	供应商	单价	交期		数量		金额
	1#	1.2	当年				
	2#	1	明年				
产品生产数量	P1		P2		P3		合计

第一年　资源配置决策　　　_____公司

厂房	形式	原有	新购	新租	处置	退租	现有	每间厂房安装3台设备，可以混装
	数量	0			0	0		

设备	型号	原有	新购	新租	处置	退租	现有	每台专用设备最多可生产20吨产品，新购买和租赁的设备调试期均为一年
	P1	0			0	0		
	P2	0			0	0		
	P3	0			0	0		

销售团队	种类	原有	新建	裁撤			现有	每个销售团队的最大销售能力为20吨产品，建设期内销售能力为10吨产品
	P1	0		0				
	P2	0		0				
	P3	0		0				

附录四　行业信息统计报表

公司	调研	研发	贷款	厂房	设备	团队	报价	广告	竞争力	产量	签单	库存	违约	期货	收入	现金	授信	利润	ROE	目标

附录五　培训总结

示例一：企业运营管理沙盘模拟实战培训总结

时间：××××年10月31日9：00～21：30

地点：××药业会议室

人员：××药业研发骨干

讲师：张宝东

撰稿人：人力资源部

　　××××年10月31日，我公司针对研发骨干人员组织了一次企业运营管理沙盘模拟实战培训，特别邀请张宝东老师进行授课。本次培训采用沙盘模拟实战对抗训练的互动式教学方式，融角色扮演、案例分析于一体，充分体现了"教师引导，学员主练"的全新教学理念。培训初期，将参训人员分为6组，分别模拟6家公司展开竞争，考量二年期间的各项经营指标。这种教学方式使学员们在学习过程中接近企业实战，短短1天半的时间内接触了企业经营中经常出现的各种典型问题，学员们必须共同去发现机遇、分析问题、制定决策、组织实施，极大地激发了他们学习的积极性，有效地提高了学习效力。

　　此次培训通过分析市场、制定战略、组织生产、整体营销和财务结算等一系列活动，让学员们充分体会企业经营运作的全过程。通过本次培训学习，学员们身临其境，真正体验到市场竞争的精彩与残酷，感受了面对经营风险的责任与担当。在成功与失败的体验中，学员们学到了管理知识，掌握了管理技巧，感受到了管理真谛，同时讲师在教学中启发学员进行换位思考，加强管理团队之间的沟通与理解，体验团队协作精神，从而全面提高了学员经营管理的素质与能力。

为了使本次培训能够取得成功，公司总经理、北大纵横武汉院院长事先与张宝东老师进行了沟通，表明此次培训的目的就是要让大家对企业运营管理有全面的认知和理解，能够使这些以后可能成为项目经理甚至分公司经理的研发骨干在实战中积累经验。基于对研发人员的了解，为了使培训气氛更加热烈，张宝东老师特意设置了有奖竞答环节，把一些企业管理概念、知识以提问的形式展现出来，并给予回答者一定的积分。这一措施激发了参会者的热情，大家频频举手，为自己的团队努力争取好成绩。

第一年的模拟实战中，参会人员在产品研发上纷纷展现大手笔并因此形成了激烈竞争。第四组（恒泰公司）研发投入100M，这一高额投入打造了产品质量优势，但同时也引起了其他公司的不解。研发投入80M的第一组（久远公司）在总结阶段直接对其质疑。不过第四组信心满满，展现出自己为了长远目标宁可牺牲一些眼前利益的魄力。第一组充分分析了第四组的资源状况，既而进行了合理的资源配置，取得了市场占有率、收入、利润三项第一，从而形成了第一组、第四组直接正面竞争的局面。这也意味着第二年的竞争将会更加激烈精彩，大家会更加投入。

果然，晚餐一结束，本应该晚上六点一刻开始培训，大家不到六点就直接进入会场，展开规划。就连总经理也有些意外，他早上来的时候觉得气氛有些沉闷，还在怀疑培训效果，但看到这时候全部人员已经心无旁骛、全身心投入实战，他松了一口气。张宝东老师说，他们已经着魔了，什么都不管了，只有一个信念：做出好成绩。这就是沙盘模拟实战的真正魅力。

一开场，大家纷纷提问诸如广告、报价、采购等众多问题，张宝东老师一一耐心解答，并且对关键的7个经营管理问题再次加以说明。第二年很关键，既要在第一年的基础上进行规划，还要考虑第三年的布局。张宝东老师穿插于各个小组之间，解答问题，给予提示。

第二年的竞争依然激烈，第一组与第四组直面竞争，互不服气。这时第六组又出了奇招，在经过仔细考虑之后，战略性放弃了 P1，将资源转入了 P2 和 P3，这一战略转向牺牲了当期利益，为未来打下了基础。不得不说这是一个大胆、痛苦、果断的决策。张宝东老师在总结阶段对这一决策充分给予肯定，并指出了一些细节上的不足。

在总结会上，第一组与第四组直接开战，互相分析对方的方案与前景，其他小组对自己这两年的经营也进行了系统分析，找到了不足之处，为以后的提升找到了方向。张宝东老师针对各组的经营进行了全面而深入的分析，并在仔细研究之后指出目前阶段获胜者是第一组，大家给予其热烈掌声以资鼓励。

结束时，张宝东老师语重心长地指出，培训不是目的，把在培训中得到的感悟、经验用到实际工作中，给公司带来业绩才是目的。最后，人力资源部同事提议，以热烈的掌声对张宝东老师表示感谢。

示例二：企业团队建设与执行力沙盘模拟实战培训总结

时间：××××年8月17~18日 9：00~18：00
地点：广州工人第二疗养院会议室
人员：广州××供销总公司业务骨干
讲师：张宝东
撰稿人：人力资源部

广州××供销总公司团队建设与执行力沙盘模拟实战培训于8月17~18日在广州工人第二疗养院会议室举行，为了更有效地提高培训效果，特意在每个小组派驻了观察员（团队的人力资源总监）进行督导与记录，现对本次培训加以分析总结。

1. 整体部分

（1）队员挑选。BAT、德冠、创新、传奇、淘宝等5个团队主动挑选队员，在现有资源情况下，最大限度地达到相互了解、相互补充，以减少磨合时间。龙建则是6支队伍中唯一一支随机组成的团队，其队伍组建过程中出现了一定的变化（如团队规则中总经理权重由3票改成1票），可能与之相关。

（2）愿景、战略、目标。各个队伍都相对明确，并且能够根据市场变化进行应对，特别是目标，在有机会变更的情况下大家基本都能抓住机会进行修订。愿景、战略、目标是打造团队凝聚力、向心力的重要因素，合适的愿景、战略、目标不仅提供了团队的方向，也能够提高士气、提升战斗力。

（3）组织纪律、出勤。各个团队平均得分都在9分以上，这表明学员们对培训很有兴趣。另外，以下原因也很重要：公司很重视本次培训，特意安排在封闭的广州工人第二疗养院中进行；人力资源部门全程参加；讲师特意在每个小组安排有观察员进行督导；讲师宣布了一些纪律要求并附有处罚条款，虽然偶尔有些小的问题但还没有达到触犯条款的程度。组织纪律是一个组织正常运行的保障，作为一项组织行为，培训也应有相关的纪律并必须执行以保障效果。

（4）互动。互动是讲师特意设置的环节，一方面是为了提高学员们的反应、应对能力，另一方面从中可以学习一些企业经营管理知识，加深思维拓展、规则理解等，当然也能活跃气氛。本次培训中，所有公司都参与了互动，得分从10分到70分不等，次数从2次到9次不一。这表明，培训过程中学员们精力比较集中，因为讲师的互动没有预见性，随时而来。

（5）沙盘模拟实战是一项高端、新颖的培训模式，接受新鲜事物或者反应能力快者能够迅速捕捉相关信息，反之则反应会慢一些。所以，讲师为了提高培训效果，对规则进行了重复讲解并答疑。

（6）在团队建设的联手环节，各个队伍都能抓住重点，同心协力、互相鼓舞、提高士气，显示出团队精神与力量。

2. 公司部分

企业经营管理是一个长期的过程，要做成百年老店不是一朝一夕能完成的，要时时刻刻进行检讨反省，抱着战战兢兢、如履薄冰的心态，而且要有良好的团队，几乎不允许出现人、财、物、信息等方面的缺失与错误，更不要说战略方面的问题了。尤其是在竞争激烈的市场中，一次失误就有可能造成灭顶之灾，所以讲师特意设置了检讨等环节，督导队伍进步。团队建设与执行力只是影响企业经营的必选项之一，诸如战略管理能力、经营管理能力、营销能力等也会直接影响企业业绩，而这些知识与能力不是一朝一夕可以获得的，需要长期积累。

就本次团队建设与执行力培训的结果而言，6个团队可以分成3类：一是团队建设平稳提升、执行力逐步提高，如德冠、创新。二是团队建设平稳提升、执行力逐步提高，但是出现关键人员缺失，如BAT，这支队伍在关键的财务总监出现空缺时，造成了一些决策上的问题，使得第三年经营不理想。三是团队建设过程中出现波动，如传奇（总经理第一年有1票否决权，第二年被作废）、淘宝（第一年事实上存在总经理权力过大的情况），都是第一年基本上由总经理独断，第二年之后其他队员才逐步参与决策，龙建（总经理由第一年的3票否决权改成第二年的1票）虽然总经理有3票，但是在第一年执行起来有些困难，这三家公司的业绩在三年期间有波动，不是非常理想（尤其是第三年，淘宝、龙建对外投资获得30M的收益，如果除去这30M，主营业务收入并不理想，利润微薄，而传奇则是两年亏损，而且第二年决策耗时过长，没有解决好授权问题）。由此可以说明，团队建设与执行力对企业经营非常重要，尤其是对于长期连续经营的公司而言，从一开始就要做出正确的团队决策，好的开始是成功的一半。

3. 总结

企业经营是一个漫长的系统工程，要想取得好的业绩，战略管理、营销管理、财务管理、人力资源管理、研发管理等企业运营的各个方面都需要保持正常，甚至超越行业水平才可以。团队建设与执行力是其中重要的一方面因素。单纯的团队建设不一定能带来良好的业绩，但是不良的团队建设势必会引起严重的后果，而执行力不强更是许多企业难于解决的顽疾。所以，加强团队建设、提升执行力就成了必然选项。经过两天的封闭培训，从这6个运营案例中可以清楚地看出，团队建设良好、执行力强的公司业绩优秀，而团队建设与执行力出现问题的公司业绩不太理想。例如，德冠团队建设与执行力在三年内逐步提升，与之对应的是团队的业绩也逐年提高，并在第三年夺得市场占有率、收入、利润三项第一；BAT前两年业绩良好，而在核心队员缺失的第三年遭遇到业绩滑坡；创新团队建设相对平稳，业绩也比较平稳；团队建设与执行力遭遇了一些问题的传奇、淘宝，则出现业绩波动；龙建也经历了一些团队建设的挫折，业绩平平。这些现场案例表明，团队建设与业绩有着很强的相关性。

百年品牌建设非一日之功，管理者要时刻保持敬畏之心，战战兢兢、如履薄冰，以一种担当、负责任的心态处理一切事情。在影响企业业绩的众多因素中，人的因素是最主要的，所以，如何提高团队建设水平、提升执行力成为各个企业共同的课题，也是永远的课题。这里不仅有个人问题，也有企业、环境的问题，只有全方面考虑才可能有相对完善的结果。另外，两天的培训只是给学员们提供了一些方法、技能，增强了一些知识，而只有把这些应用到工作中去逐步探索与实践，才会取得较好的结果，也才会给企业带来效益。

最后，非常感谢为此次培训做出巨大努力的人力资源部的领导与员工们，也特别感谢张宝东老师的辛勤指导。

示例三：深圳××城投学堂思维创新沙盘模拟实战培训总结

为了进一步提升中层干部思维与决策能力，××××年12月5日在公司多功能会议室举办了思维创新沙盘模拟实战培训，参训人员40人，包含中层干部、业主代表、产权代表等，并特意邀请了沙盘模拟实战培训高级导师张宝东讲授。

在张宝东老师的引领下，学员首先完成了公司组建、经营管理团队建设，每个模拟公司选举出了总经理，在总经理协调之下产生了战略部经理、营销部经理、采购部经理、财务部经理、生产部经理、研发部经理等管理人员，组成了有目标、有追求、群策群力的团队。之后，张宝东老师又介绍了模拟行业的特点、规则，然后，各个公司进入了实际经营与市场竞争。

在一年的模拟经营过程中，各个公司完成了行业分析、对手分析、战略制定、融资贷款、物料采购、产能配置、人员招募、研发、市场调研、报价、争抢订单等各种任务，尤其是在报价环节，各个公司各显神通，不仅制定自己的价格体系，还纷纷派出人员进行市场调研，考察对手，甚至还计划成立行业联盟。

经过一年的竞争，第一小组与第五小组齐头并进、旗鼓相当，张宝东老师经过仔细分析，结合当年的业绩与下一年的发展趋势，认为第一小组业绩更为理想，当场宣布第一小组获胜。

最后，希望大家能够把培训当中的所感、所悟运用到实际工作中去，共同提升公司的业绩。

附录六　各章试题答案

第一章

一、单项选择题

（1）A；（2）A；（3）C；（4）B；（5）A。

二、多项选择题

（1）ACDE；（2）ABC；（3）BC；（4）AC；（5）ABCD。

三、判断题

（1）对；（2）错；（3）对；（4）对；（5）错。

第二章

一、判断题

（1）对；（2）对；（3）对；（4）错；（5）对；（6）对；（7）对；（8）对；（9）对；（10）错。

二、思考题

（1）营销部门。（2）外部环境分析和内部环境分析（或一般环境分析、行业环境分析、内部环境分析；或宏观环境分析、中观环境分析、微观环境分析）。

第三章

一、判断题

(1) 错;(2) 错;(3) 错;(4) 错;(5) 错;(6) 错;(7) 错;(8) 对;(9) 对;(10) 错。

二、思考题

(1) 权责发生制、划分费用性支出与资本性支出、公允价值原则、配比原则。(2) 比较分析法、比率分析法。(3) 盈利能力分析、营运能力分析、偿债能力分析、发展能力分析。

第四章

一、判断题

(1) 错;(2) 错;(3) 错;(4) 错;(5) 错;(6) 错;(7) 错;(8) 对;(9) 对;(10) 错。

二、思考题

(1) 产品、价格、分销、促销。(2) 产品定位、产品直接成本、竞争对手的价格、供需关系、消费者心目中的价格带、价格弹性。(3) 现代市场营销的核心：STP营销（细分市场、选择目标市场、市场定位）。

第五章

一、判断题

(1) 对;(2) 错;(3) 错;(4) 错;(5) 错;(6) 对;(7) 错;(8) 错;(9) 对;(10) 错。

二、思考题

(1) 梦幻、常规、地狱。(2) 正直、能力、一贯、忠实、开放。(3) 成立、动荡、稳定、高产、调整。

第六章

一、判断题

(1) 对;(2) 对;(3) 对;(4) 错;(5) 对;(6) 对;(7) 对;(8) 对;(9) 对;(10) 对。

二、思考题

(1) 识别问题、确定决策标准、给标准分配权重、拟定方案、分析方案、选择方案、实施方案、评价决策效果。(2) 个人决策向群体决策发展;定性决策向定性与定量结合的决策发展;单目标决策向多目标综合决策发展;管理决策发展为为更远的未来服务的战略决策。

第七章

一、判断题

(1) 错;(2) 错;(3) 对;(4) 对;(5) 对;(6) 对;(7) 对;(8) 对;(9) 对;(10) 对。

二、思考题

随着科技的进步,非面对面沟通成了很多企业的办公方式,要充分使用电子化、网络化工具以节约时间。

第八章

一、判断题

(1) 错;(2) 对;(3) 对;(4) 对;(5) 对;(6) 对;(7) 对;(8) 错;(9) 对;(10) 对。

二、思考题

领导是管理学的一部分内容,要完成现代社会的复杂性工作,不仅要有计划还需要激情,不激发激情、创新,复杂工作难以完成,所以,领导越来越重要。往往有人把领导与管理对立起来,或者认为二者是两码事,其实不然。计划、组织、领导、控制被认为是管理的主要内容,计划、组织、控制这几项相对有理论、有方法、有模板并经过长期探索,而领导则具有艺术性,所以,有人把计划、组织与控制当成了管理的全部。如果在稳定简单的环境中,市场简单,规模较小,是可以的,目标可以达成。现在组织越来越复杂,任务越来越困难,成员越来越独立,是需要加强协作的时候,没有领导艺术将无法完成任务。因此,必须把领导力放在更高的位置上加以再认识。

第九章

一、判断题

(1)错;(2)对;(3)对;(4)对;(5)对;(6)对;()7对;(8)错;(9)对;(10)对。

二、思考题

功能不变,成本降低;成本不变,功能提高;功能提高,成本降低。

第十章

一、判断题

(1)错;(2)对;(3)对;(4)对;(5)对;(6)对;(7)对;(8)对;(9)对;(10)对。

二、思考题

困难之一:战略执行有许多不可控制和不可预料的因素,需要执行要素的充分配合,需要资源、人事等要素的协调。困难之二:组织内人员在战略的理解上存在巨大的差异,不理解战略的人员很可能会做出一些与战略无关甚至相反的事情。困难之三:战略要根据内外部环境的变化和自身的实际情况而不断调整,这对组织内部持续有效的沟通和执行手段的不断适应提出了严峻挑战。

第十一章

一、判断题

(1)对;(2)对;(3)对;(4)对;(5)对;(6)对;(7)对;(8)对;(9)对;(10)对。

二、思考题

传统的目标作用是组织里的最高领导对组织施加控制的一种方式；传统的目标设定方法是由企业的最高领导把总目标分解为子目标落实到企业的各个层次。

第十二章

一、判断题

（1）对；（2）错；（3）错；（4）错；（5）错；（6）对；（7）对；（8）对；（9）对；（10）对。

二、思考题

重视团队利益；建立信赖关系；支持与配合；提供反馈。